Líder de Líderes

Los Equilibrios de Excelencia 3.0 y el paradigma del Liderazgo en Equilibrio

Jorge Daniel Romo

Título: **Líder de Líderes**. Los Equilibrios de Excelencia 3.0 y el paradigma del Liderazgo en Equilibrio

1ra Edición 2023

Aclaraciones

1. **Este libro no es uno más** de aquellos que tratan el equilibrio entre el trabajo y la familia; tampoco se trata de esos que buscan la paz espiritual o el cambio de hábitos de vida. El enfoque es en la conciencia personal para balancear algunos aspectos, comportamientos, incluso acciones que se presentan en la gestión de personas y que, al lograr justamente eso: *Equilibrio,* potenciará tu desempeño, tus relaciones interpersonales, tu interacción laboral con jefes, colaboradores, colegas, proveedores y Clientes. Ese balance que te permitirá resolver los conflictos con las personas que interactúas, tanto profesional como en tu vida personal; y que, a pesar de los problemas, podrás conservar la relación de forma madura y ¿por qué no? Generar relaciones personales y profesionales *de excelencia.*

2. **Casos y cosas.** En esta edición Actualizada y Aumentada, he integrado los casos que dieron valor al libro de *Equilibrios de Excelencia.* Se renovaron y actualizaron tomando en consideración el impacto que la pandemia tuvo en todos nosotros. Si bien los casos son experiencias personales o muy cercanas a mi persona y se suscriben a un momento específico de mi vida laboral y personal; estoy seguro de que serán referencias clarificadoras de la

aplicación de los modelos, así como los riesgos de caer en los extremos y actuar de manera radical. Tales experiencias las identificarás por el tipo de letra y la sangría del texto con respecto de la mayoría de los párrafos del libro. Debo señalar que, si bien las experiencias son reales, he omitido o modificado los nombres con el fin de no sesgar el sentido y propósito de ellas.

3. **Estar en equilibrio no es ser mediocre** o "tibio"; por el contrario: significa alcanzar el máximo potencial sin caer en los excesos que provocan la apatía o la pasión desmedida. Todo en exceso es malo; si bien podría haber algunas excepciones; caer en los excesos desbalancea tu vida. En la perspectiva de los *Equilibrios de Excelencia*, la mediocridad es un extremo que hay que evitar.

4. **El modelo del *Equilibrio de Excelencia* ha evolucionado.** Si tuve el privilegio de que leyeras mis primeros libros; te darás cuenta de que la versión 3.0 presenta ligeros ajustes de valor, así como conceptos actuales del *management* y la gestión del talento en las organizaciones. Se consolida como un *modelo de gestión*.

5. **Liderazgo en el siglo 21.** El mundo ya cambió, está cambiando y seguirá así de manera acelerada y exponencial; los *Equilibrios de Excelencia*, proveen a las y los líderes actuales y futuros, un

marco de referencia para enfrentar la dinámica que las nuevas condiciones exigen y contribuir así a la excelencia de las organizaciones a las que pertenecen. Jóvenes supervisores y experimentados directores han encontrado una forma de autorregulación al tenerlos presentes en la gestión que realizan día a día. El *paradigma del Liderazgo en Equilibrio* es la base para perfeccionar el estilo de liderazgo que las organizaciones del siglo 21 y las nuevas generaciones de trabajadores requieren para generar entornos laborales diversos, incluyentes, productivos y saludables.

6. **Ellas y ellos.** Si bien la Real Academia de la Lengua Española es clara acerca de la <u>no necesidad</u> de separar el género[1] para indicar a las o a los líderes; el liderazgo no es una prerrogativa del género masculino. Así que, <u>a pesar de considerarse incorrecto</u>, me he tomado la *rebeldía* de utilizar *la/el* cuándo hablo de la/el líder. Las primeras lecciones de liderazgo de todo ser humano, en la mayoría de los casos, son impartidas por las madres a sus hijas e hijos. Este trabajo es para ellas... y también para ellos.

7. **Hazlos tuyos.** Crear el modelo de gestión de los *Equilibrios de Excelencia* y enfocarlo en generar el nuevo paradigma del *Liderazgo en Equilibrio*,

---

[1] Consultar https://www.rae.es/espanol-al-dia/los-ciudadanos-y-las-ciudadanas-los-ninos-y-las-ninas

si bien ha sido de mucho valor para mí; este solo hecho no justificaría el esfuerzo. El verdadero valor será que los revises, los practiques, los modifiques, los cambies; que los hagas tuyos. Siéntete libre de comentarme tu opinión, lo que te gusta y lo que no.

Tu retroalimentación será de mucho valor.

Email: coachdanielromo@gmail.com

X @JDRomoG

Para las y los jóvenes líderes
que heredan un mundo cada
día más complejo y
desequilibrado.

Para las mujeres de mi vida.

Por ser fuente de
inspiración, propósito
y reto constante para lograr
el equilibrio.

CONTENIDO:

Prólogo a la versión actualizada y aumentada

El mundo está en continuo cambio, evoluciona, se transforma. La humanidad se enfrenta a una dinámica de eventos y situaciones que, para muchos, es abrumadora. Las relaciones personales y profesionales están siendo impactadas por esta dinámica...las consecuencias son la incertidumbre y la complejidad, cada una con sus consecuencias.

Estar en equilibrio es la respuesta a la incertidumbre, dominar el "vaivén" de la veloz realidad genera la estabilidad que permite definir rumbo y tomar decisiones en medio de la gran complejidad.

Esta versión integra los libros *Equilibrios de Excelencia* (2013) y *La/El Líder de Líderes* (2018), los renueva y los evoluciona como respuesta a la "Nueva Realidad" que estamos viviendo.

Espero que esta versión te sea de valor y te genere elementos para lograr el equilibrio personal y profesional que te fortalezca como la/el Líder de Líderes en este entorno volátil, sumamente incierto, complejo, ambiguo y diverso.

Jorge Daniel Romo (2023)

Equilibrio y Liderazgo

Todo en exceso, daña o abruma; ya lo decía el gran Octavio Paz: *"La mucha luz es como la mucha sombra: no deja ver..."*[2]. Lograr el equilibrio es una tarea de tiempo completo. No sólo se trata de una frase de tipo metafórico, es un principio universal que aplica a todo organismo. El equilibrio es la antítesis del caos. Todo lo evidente y lo que somos, es resultado del equilibrio.

El equilibrio es lo normal, lo que se busca y desea alcanzar; es el resultante de fuerzas y energías que logran la convivencia. En la naturaleza esa resultante es maravillosa.

Se dice que la vida está llena de altas y bajas, de alegrías y tristezas, de blancos y negros; y es cierto, ¿Cuántas de esas subidas y bajadas fueron consecuencia de nuestra actitud? ¿Cuántas de esas alegrías y tristezas fueron provocadas por la forma en que nos comportamos con los demás y enfrentamos los eventos de nuestra vida?

La pandemia de COVID-19 nos tomó por sorpresa y puso de manifiesto la vulnerabilidad de nuestra vida, sus

---

[2] Paz, Octavio. Prólogo a las enseñanzas de Don Juan, de Carlos Castañeda.

formas, sus estructuras, sus procesos, sus costumbres y sus creencias. El Mundo cambió y se radicalizó.

Cuando las personas viven en los extremos, sus relaciones, condiciones y decisiones se radicalizan. Son de "sí o no"; de "o es blanco o es negro", de "estás conmigo o contra mí". Es como si la vida fuera un cuestionario de sí o no, de verdadero o falso; de bueno o malo. Como si no hubiera puntos intermedios, aspectos que condicionan, que enriquecen, que limitan, que favorecen, que limitan, que potencian.

Las personas con posiciones radicales sufren mucho y complican la vida de quienes los rodean.

Entender la vida desde la postura radical, es limitarse a la universalidad, a la diversidad, a la riqueza de tenerlo todo y conformarse sólo con las orillas.

Vivir en equilibrio es conocer los extremos, entender las consecuencias de la radicalidad.

Vivir en equilibrio es reconocer el margen de maniobra que te permitirá disfrutar del espectro de posibilidades, identificar el punto ideal que te proveerá de la perspectiva completa de las situaciones y decisiones que enfrentes.

Vivir en equilibrio no es limitarse, por el contrario, es liberarse de las posiciones extremistas que te alejan de la armonía, de la convivencia productiva, de alcanzar tu máximo potencial.

Vivir en equilibrio te permitirá reconocer, y aceptar, que la vida no es sólo una cuestión de "blancos o negros", que se trata de una "escala de grises", mejor aún: que la vida es de colores.

El ser humano encuentra la felicidad en el equilibrio. El equilibrio es el propósito de todos los organismos vivos.

Mo Gawdat en su libro *El Algoritmo de la Felicidad*[3], refuerza la importancia del equilibrio entre tus expectativas de la vida y los acontecimientos de la realidad; cuando el balance entre estos dos aspectos se pierde, la decepción se hace presente.

Quien no está en equilibrio, se esfuerza; sufre; se encuentra en crisis. Por el contrario, el equilibrio genera estabilidad, tranquilidad y paz.

Imagina que la vida, tu trabajo y tus relaciones personales, familiares y laborales; están en la cuerda floja. Mantenerte en equilibrio significará que obtengas lo mejor de cada momento, de cada persona, de la vida en su conjunto.

Si pierdes el equilibrio y te desbalanceas, ya sea hacia un lado o hacia el otro; provocará que caigas al vacío. Lo fuerte de la caída dependerá de qué tanto hayas crecido, cuánto hayas invertido y cuánto hayas arriesgado.

Claro que podrás levantarte y volver a subir a la cuerda floja de tu vida; pero si mantienes el equilibrio evitarás

---

[3] Gawdat, Mo. El Algoritmo de la Felicidad. Editorial Diana. 2018

caerte continuamente. Caer duele... mantener el equilibrio es más saludable.

En el mundo actual, el entorno se ha vuelto volátil, incierto, caótico y ambiguo (V.U.C.A.) [4] ; las organizaciones se enfrentan a condiciones de competencia de escala global; mayor exigencia de oferta y calidad de parte de los Clientes; el cambio es una constante; la mejora continua es el *"cuento de nunca acabar"*.

La velocidad de adaptación que las organizaciones requieren para enfrentar las nuevas condiciones del entorno exige no solo de **aprender** más rápido, **emprender** más rápido, **decidir** más rápido; sino de **desaprender** más rápido. Las organizaciones y los procesos *ágiles*[5] son el nuevo paradigma en esta segunda década del siglo 21.

Se requiere entonces de un nuevo paradigma de liderazgo.

---

[4] VUCA es un acrónimo utilizado para describir o reflejar la volatilidad, incertidumbre (uncertainty en inglés), complejidad y ambigüedad de condiciones y situaciones. La noción de VUCA fue creada por el U.S. Army War College para describir la volatilidad, incertidumbre, complejidad y ambigüedad del mundo surgido tras el fin de la Guerra Fría. El término comenzó a utilizarse de forma generalizada en los años 90. Posteriormente ha sido utilizado en los campos de la estrategia empresarial aplicándose a todo tipo de organizaciones.

[5] El significado de Agile (ágil) es la capacidad de moverse rápida y fácilmente. Agile tiene un alto nivel de participación del cliente e incluye revisiones frecuentes del progreso (iteraciones).

Podría ser el *Liderazgo Ágil* del cual nos habla Evan Leyburn en su libro *"Directing the Agile Organisation"*[6]. O del Líder Ejecutivo nivel 5 que plantea Jim Collins[7].

O también el *Liderazgo Multiplicador* de Liz Wiseman[8].

Existen más de ochenta estilos de liderazgo[9] y, si bien existe un cierto consenso acerca de la importancia de la flexibilidad en el manejo de las personas y de las situaciones, lo cierto es que a finales del año 2019 surgió en Asia el virus SARS-CoV-2 denominado COVID-19 y para el año 2020 el planeta entero sufrió la pandemia generada por el mismo, provocando una crisis global que afectó no solo la salud, sino la economía, las cadenas productivas y a la sociedad de manera trascendental. El mundo ya era V.U.C.A y el COVID-19 lo maximizó.

En la *Nueva Realidad* generada por la pandemia, en la que la incertidumbre se incrementa y mantiene una tendencia al alza de manera continua[10]; el *Liderazgo en Equilibrio* se confirma como un estilo que integra de manera holística los estilos de liderazgo creados por otros autores; aplicando los mejores conceptos de gestión y liderazgo para lograr el máximo nivel de

---

[6] Leyburn, Evan. Directing the Agile Organisation. IT Governance Publisphing. 2013

[7] Collins, Jim. Empresas que sobresalen. Editorial Norma. 2007

[8] Wiseman L. & McKeown G., MULTIPLICADORES. Cómo potenciar la inteligencia de tu equipo. Ed. Conecta 2013

[9] Consulta: https://covire.org/wp-content/uploads/2021/07/87-2BEstilos-2Bde-2BLiderazgo.jpg

[10] World Uncertainty Index. https://worlduncertaintyindex.com/

desempeño. Es un liderazgo cuyo enfoque es alcanzar la excelencia personal y organizacional.

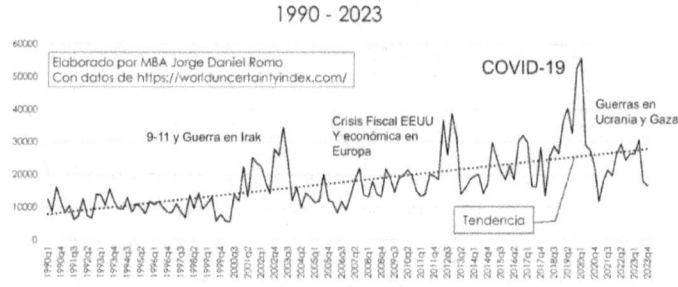

Tendencia de la Incertidumbre a nivel Mundial (Elaboración Propia)

En el entorno *VUCA*, el liderazgo en equilibrio es la clave.

Aquella o aquel líder que sea capaz de mantener el equilibrio en el entorno V.U.C.A., no es un líder común; es la o el ***Líder de líderes***.

En este trabajo, compartiré contigo esta visión, este paradigma del liderazgo para la nueva realidad del siglo 21 basado en el **modelo de gestión de los Equilibrios de Excelencia.**

El modelo de gestión de los Equilibrios de Excelencia

El modelo de los Equilibrios de Excelencia ha evolucionado. Surgieron como una forma para explicar el balance que, en ciertos aspectos de la interacción con las personas, permite a una persona alcanzar el máximo nivel de desempeño.

La primera aproximación al modelo surgió buscando la analogía con la normalidad, entendiendo que era "normal" caer en alguno de los extremos que cada modelo planteaba y, por mi formación en ingeniería industrial, me fue natural utilizar la denominada campana de Gauss[11]

Sin embargo, esta curva no permitía la representación como un modelo de gestión que explicara con detalle la naturaleza del comportamiento humano en los equilibrios representados.

Campana de Gauss

---

[11] La noción de campana de Gauss (por su creador el físico matemático Carl Friedrich Gauss, 1777 – 1855) alude a la representación gráfica de una distribución estadística vinculada a una variable. La campana de Gauss grafica una función gaussiana, que es una clase de función matemática y muestra cómo se distribuye la probabilidad de una variable continua.

Daniel Goleman en el libro "Liderazgo. El poder de la Inteligencia Emocional" [12], utiliza un gráfico denominado la **U invertida** para representar la relación entre los niveles de estrés y las tareas de rendimiento mental, como el aprendizaje o la toma de decisiones.

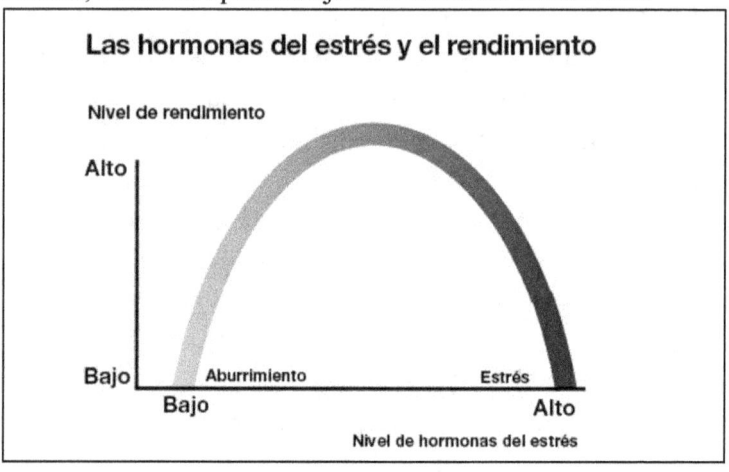

Las hormonas del estrés y el rendimiento

Nivel de rendimiento

Alto

Bajo · Aburrimiento · Estrés

Bajo · Alto

Nivel de hormonas del estrés

U invertida (Goleman. 2013)

Esta U invertida coincidió con mi visión de lo que quería expresar con el modelo para los Equilibrios de Excelencia. No solo coincidía al representar dos comportamientos extremos (aburrimiento y estrés), sino que el nivel de desempeño (rendimiento) de la persona era bajo en los extremos y alto en el punto medio de la curva, representando el máximo nivel posible al que yo me refiero como *nivel de excelencia*.

---

[12] Goleman, Daniel. Liderazgo. El poder de la Inteligencia Emocional. B de Books. 2013

Daniel Goleman me había proporcionado la base para la construcción definitiva del modelo de gestión para los Equilibrios de Excelencia.

Al adaptar la U invertida al modelo de Equilibrio de Excelencia el resultado fue el siguiente:

Modelo de Gestión de los Equilibrios de Excelencia

A continuación, la descripción de los elementos del modelo:

Estilo demasiado "Y". Se refiere generalmente al extremo positivo, benigno de un comportamiento y que, normalmente, es percibido como el comportamiento que, en su mayoría, los/las líderes buscan desarrollar de manera automática.

Estilo demasiado "X". Se trata del extremo negativo o aquel que, de manera general, tiende a evitarse por la mayoría de las y los líderes.

21

Nivel de Desempeño. Indica la capacidad de una persona para gestionar su desempeño y alcanzar un nivel de rendimiento de excelencia.

La **ZONA DE FLEXIBILIDAD SITUACIONAL**, representa el margen de acción que tenemos para acercarnos a los extremos sin caer en ellos. La parte superior de esta zona es el **Desempeño de Excelencia**, por ser ahí donde se alcanza el máximo nivel de desempeño posible.

En esta zona se señalan los **resultados** o beneficios obtenidos al lograr el equilibrio.

Entre la ZONA DE FLEXIBILIDAD SITUACIONAL y la curva, se encuentran las **CONSECUENCIAS DE CADA EXTREMO**.

Como puede observarse en el modelo, las personas que acostumbren a aplicar estilos radicales, es decir comportamientos extremos; serán capaces de lograr niveles de desempeño *suficientemente altos*; aunque para alcanzar la *excelencia*, deberán ingresar a la zona de **EQUILIBRIO**.

Lo anterior refleja de manera más realista el porqué, para la mayoría de los y las líderes, podría ser cómodo el mantenerse donde están y no dar el paso que les permita alcanzar la Excelencia.

En el entorno dinámico, cambiante y altamente competitivo en el que nos encontramos en la actualidad, y ante la convivencia de las nuevas generaciones en los espacios laborales; estoy convencido de que las y los líderes que logren el equilibrio, serán quienes tendrán la capacidad de construir entornos de colaboración, productivos, positivos y sanos. Dicho de otra manera: Lograrán el balance perfecto entre la productividad y la armonía de sus colaboradores.

Lograr el denominado *Engagement* [13] de los colaboradores y miembros de una organización, es algo que, sin lugar a duda, corresponde al estilo de liderazgo que se ejerza sobre ellos. El engagement es el resultado del equilibrio entre Premio y Castigo, al generar un Entorno de Cumplimiento y Motivación.

El Liderazgo en Equilibrio no solo contribuye para atraer, desarrollar y retener al personal; sino que, además, promueve el surgimiento de otros líderes que compartirán y aplicarán el mismo estilo de liderazgo.

Estoy convencido que, al aplicar los modelos de gestión de los **Equilibrios de Excelencia** de esta obra, desarrollarás el **paradigma del Liderazgo en Equilibrio**; el cual te permitirá ver a tus colegas y colaboradores con una nueva perspectiva; incluso serás

---

[13] Engagement es un término utilizado en el ámbito de las relaciones laborales y la cultura organizacional que se identifica con el esfuerzo voluntario por parte de los trabajadores de una empresa o miembros de una organización. El término en español más cercano sería compromiso.

capaz de acompañarlos en su desarrollo como líderes. Serás la/el *Líder de líderes*.

Ahora que conoces el modelo de gestión de los **Equilibrios de Excelencia** *¿Qué equilibrio se te ocurre que, de poner práctica <u>hoy mismo</u>, te permitirá alcanzar tu máximo nivel de desempeño?*

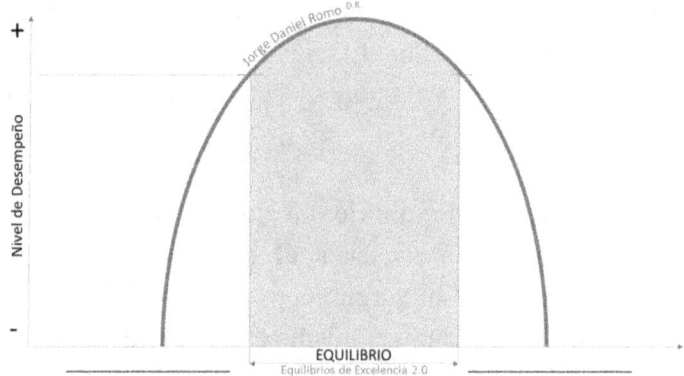

Crea tu propio Equilibrio de Excelencia

¿No se te ocurre alguno? No importa, adéntrate en los modelos y regresa a esta página si te surge alguna idea.

Recuerda que me encantará saber de ti.

Email: coachdanielromo@gmail.com

X @JDRomoG

LOS EQUILIBRIOS PARA EL LÍDER:

En esta sección te comparto los modelos de los *Equilibrios de Excelencia* que considero fundamentales para construir el paradigma del *Liderazgo en Equilibrio*. Son los modelos que se relacionan con competencias personales de la/el Líder, sin tener conciencia de ellos, será complicado que los otros modelos puedan aplicarse en toda su magnitud.

Estos equilibrios requerirán de un elevado nivel de auto conciencia de tu parte. Los modelos son:

1. Crecimiento y desarrollo. El equilibrio entre Permanecer y Cambiar
2. Efectividad, Eficiencia y Eficacia. El equilibrio entre Pensar y Ejecutar
3. Comunicación Efectiva. El equilibrio entre Escuchar y Hablar
4. Realismo Positivo. El equilibrio entre Optimismo y Negatividad
5. Asertividad. El equilibrio entre Compasión e Intolerancia
6. Humildad. El equilibrio entre Servilismo y Soberbia
7. Inteligencia Emocional. El equilibrio entre Apatía y Pasión

8. Vida Plena. El equilibrio entre Casualidad (azar) y Causalidad

CRECIMIENTO Y DESARROLLO. El equilibrio entre Permanecer y Cambiar

Para la mayoría de las personas de las llamadas generaciones X, Baby Boomers o anteriores[14]; la rutina significaba haber alcanzado un estado de armonía, tanto en lo personal como en lo laboral.

Con los avances tecnológicos, y la globalización el mundo se encontraba en un proceso de cambió; la pandemia por el COVID-19, lo transformó y aceleró todo.

Hoy, muchos de los llamados *Millenials* evitan la rutina, en especial la laboral. Se estima que el 24 por ciento de las personas que pertenecen a dicha generación, y que el 40 por ciento de los recién ingresados a la vida laboral

---

[14] Desde hace ya unos años se han definido diferentes generaciones que fueron parte de un intervalo de tiempo en la historia:
- Generación Silenciosa (nacidos antes de 1945)
- Baby Boomers (1946 a 1964)
- Generación X (1965 a 1980)
- Generación Y o Millenials (1980 a 2000)
- Generación Z (nacidos después del año 2000)
- Se plantea la Generación Alfa a partir del 2015.

Los periodos pueden variar, dependiendo de la fuente o país de referencia.

de la generación Z, cambiarán de trabajo en los próximos dos años[15].

Si bien la pandemia tuvo un impacto positivo en la permanencia laboral (23% de los millenials piensa permanecer en su trabajo por más de 5 años, contra un 38% de los miembros de la generación Z[16]) es una realidad que lograr que una persona permanezca en una organización laboral por más de dos años, es un reto para muchas empresas.

Permanecer o cambiar de trabajo es una decisión que las personas toman con base en las condiciones de su entorno y su impacto o beneficio de sus creencias y expectativas. Una de esas condiciones, y factor determinante para que una persona permanezca en una organización, es el liderazgo.

Si cambiar de trabajo es ya un tema complejo ¿Qué sucede cuando se habla de cambiar actitudes o comportamientos? Sí, el asunto se pone aún más complejo.

Seguramente habrás escuchado expresiones como *"Genio y figura hasta la sepultura"* o *"árbol que nace torcido, su tronco jamás endereza"*, expresiones de la voz popular para enfatizar que modificar una forma de actuar es algo menos que imposible.

---

[15] Deloitte. Millenial survey. 2022

[16] Ibid

Es claro que vivir constantemente en el cambio, será extenuante, desgastante y, tal vez lo más grave: no permite disfrutar de lo que se hace, se tiene o se ha logrado.

Es por ello por lo que este equilibrio entre Permanecer y Cambiar representa el punto de partida para decidir emprender el camino para alcanzar la excelencia.

Soy un convencido de los procesos de mejora continua en las organizaciones, así como de que una persona puede cambiar, es decir modificar conductas, comportamientos, hábitos; si es que **decide** hacerlo.

Al mismo tiempo, sé que nadie puede generar una transformación en otra persona, si ésta no desea hacerlo.

Por eso el equilibrio entre Permanecer y Cambiar transforma tu vida. Aquí es donde decides iniciar el camino a la excelencia.

Crecimiento y Desarrollo

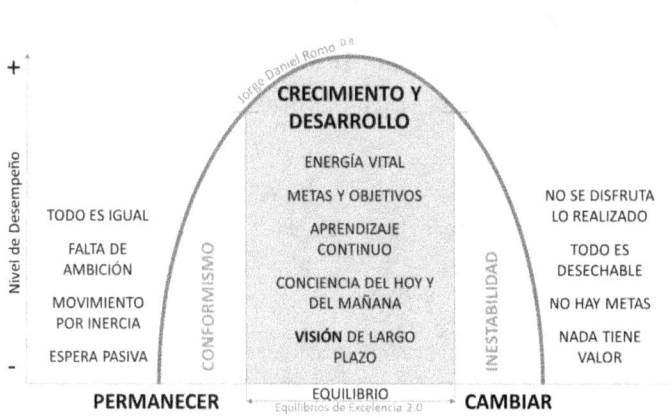

29

El extremo de Permanecer.

Según diversos estudios[17], el ser humano requiere de la acción, del movimiento para trascender. La rutina que no genera beneficios mata. Las personas que enfrentan la rutina permanente en su trabajo, y que no aprenden nada nuevo ni enfrentan nuevos retos, son poco creativas, no tienen entusiasmo ni pasión por la actividad que realizan; les atemoriza aprender cosas nuevas; la tecnología es una amenaza constante.

En este extremo se vive por inercia, se trabaja por inercia, se está por inercia.

No existe ambición por un mejor sueldo; es decir, por supuesto que las personas se quejan de "lo poco que ganan"; pero no hacen nada para lograr un mejor ingreso. Están tan acostumbrados a realizar el mismo trabajo, que no se visualizan haciendo algo diferente.

Se piensa que se "es demasiado viejo para aprender cosas nuevas", esto lo he escuchado de personas que están pasando los treinta años. Si asisten a una capacitación que su organización les ha proporcionado; la angustia

---

[17] Existen numerosos trabajos relacionados con el tema de la rutina, por ello solo mencionaré algunos que podrían enriquecer la visión al respecto:
Gómez Lillo, Silvia. Equilibrio y organización de la rutina diaria; 2006.
Sánchez Martín A, López Roig S, Peral Gómez P. Concepto de equilibrio ocupacional en estudiantes de 1º de grado de terapia ocupacional de la Universidad Miguel Hernández; 2017.
Scotti Dan. Science of Structure: Why Your Routine Is Killing Your Creativity. 2015.

provocada por la nueva información y, peor aún, descubrir que deben modificar la forma en que hacen su trabajo, genera un bloqueo absoluto para el aprendizaje, no se diga el nivel de resistencia para aplicar lo aprendido.

Las personas "atrapadas" en el extremo de Permanecer, pasan la vida esperando "una señal"; algo que "los saque" del estado de mediocridad en el que se encuentran; porque saben que hay algo mejor para ellos; pero esperan que llegue sin que tengan que arriesgarse a perder lo que ya tienen. Saben, y se quejan, de que lo actual no les es suficiente; pero no tienen la energía, la disposición ni la intención, de iniciar el camino que les genere la satisfacción que buscan.

En las relaciones personales, se acepta al otro, mejor dicho: se tolera al otro. Paradójicamente, se tiene la esperanza de que la otra persona cambie, a pesar de que esa persona no tiene la intención de cambiar.

Es en este extremo en donde las "víctimas" esperan y caminan pasivamente a su fin. Han perdido la seguridad personal y se fortalecen al rodearse de personas que también son víctimas de las condiciones, circunstancias y de otras personas; se fortalecen, retroalimentan y día a día les es más difícil aceptar la necesidad de realizar un cambio personal.

En las empresas tradicionalistas, burocráticas o con cacicazgos sindicales; este extremo se percibe en la mayoría de las personas. Es por ello por lo que los líderes de esas organizaciones se eternizan y mantienen su poder por encima de la "lógica" o de las incongruencias con el entorno tecnológico y competitivo local, nacional o hasta global.

Es claro que en este extremo se tienen satisfacciones; para ellos es cómodo permanecer en un entorno en el que nada cambia. Se aprende a vivir sin la exigencia de esforzarse por mejorar. Se disfruta ser "arrastrado" por la corriente, sin importar a dónde terminará...si la corriente para, se sentará a seguir esperando una señal.

Durante un programa de formación de personal de ventas y servicio al cliente, una participante se quejaba insistentemente de la organización, de sus jefes y en específico del dueño.

Con la intención de no hacer un debate o que la sesión se desviara hacia aspectos de liderazgo, la escuché con atención las primeras cinco intervenciones, las siguientes tres traté de acotar lo más posible su comentario.

Al darme cuenta de que ella se mantendría en esa postura y que estaba generando una desviación de la atención del grupo con respecto al tema principal, decidí hacerle la siguiente pregunta:

- Rosario ¿cuánto tiempo tienes en la organización?

- Doce años ya – Respondió con orgullo.

- Entonces, platícanos ¿por qué si la organización y los jefes son tan terribles, has durado tanto tiempo aquí? Debe haber algo positivo ¿no?

Después de un silencio incómodo, ella reconoció algunos de los beneficios de estar en la organización y de lo mucho que disfrutaba su trabajo.

Por supuesto que ella tenía razón y existían muchas áreas de mejora en la forma y trato de sus jefes, más quejarse en el curso no resolvería o modificaría sus condiciones laborales y sí estaba afectando el enfoque del grupo.

Esto es un ejemplo del extremo de permanecer, Rosario no era capaz de decidir moverse de organización, a pesar de que no era un lugar en donde fuera reconocida y que las condiciones de trabajo fueran las que ella desearía.

La empresa era "suficientemente buena" y ella permanecía, aunque le provocara disgustos constantemente. Sin lugar a duda, ella no alcanzaría jamás su máximo potencial en esa organización...esa es la consecuencia del extremo de permanecer.

El extremo de Cambiar

En este extremo, la dinámica es extenuante, las personas buscan "estrenar" y "probar" cosas nuevas, nada es suficiente para satisfacer su deseo de cambio. Si bien sus motivaciones pueden ser válidas como: la calidad, la productividad, la mejora continua y hasta la excelencia; el resultado es que nunca se dan el tiempo suficiente para que lo iniciado se estabilice y logre el objetivo, siempre encuentran algo nuevo que sustituya lo anterior.

Este extremo se ha visto fortalecido por la globalización y los enormes avances en las tecnologías de telecomunicación.

En los años ochenta y parte de los noventas, el concepto de *"paradigmas"*; alertó a los empresarios y directivos del riesgo de la "ceguera" de no ver las tendencias de lo nuevo; lo cual provocó una euforia por la innovación y convertirse en *"pioneros de paradigmas"*[18]. A finales del siglo XX las empresas "punto com" vinieron a demostrar cómo un *cambio discontinuo*[19] podía llegar a generar multimillonarias ganancias de un día para otro.

Para los años posteriores al 2000, la telefonía celular generó una revolución tecnológica sin igual en la historia de la humanidad; hoy en día los dispositivos móviles e inteligentes son de los artículos más vendidos en las tiendas departamentales; la razón es que un teléfono inteligente se vuelve "tonto" al surgir otro más inteligente seis meses después del lanzamiento del primero. Hoy en día los teléfonos inteligentes abarcan funciones que van más allá de lo que un usuario común puede llegar a necesitar y en muchos casos no llegará ni a entender; pero ese mismo usuario cambiará a una

---

[18] Joel Arthur Barker popularizó el concepto de cambios de paradigma para el mundo corporativo. Su libro *PARADIGMAS: El negocio de descubrir el futuro*; publicado en 1992, fue catalogado como uno de los más influyentes de ese año por la prestigiosa revista Journal Library.

[19] Cambio repentino y no incremental que amenaza la autoridad o estructura de poder existente o tradicional, porque altera drásticamente la forma en que se hacen o se han hecho las cosas durante años.

versión de teléfono más nueva en un promedio de un año; ya que de no hacerlo se sentirá "obsoleto".

Tal pareciera que la modernidad ha provocado que este extremo sea más común y generalizado que en el pasado.

La Pandemia de COVID-19 intensificó el deseo del cambio. El Home Office (Oficina en casa) al principio fue una condición, hoy es una prestación para algunos y una fuente de preocupación para otros. El impacto que tuvo el periodo de clases forzosas virtuales en las escuelas de todos los niveles educativos aún está en estudio. Estas nuevas condiciones generaron expectativas que no son posibles, ni convenientes para todos; sin embargo, las personas buscan, y buscan, y siguen buscando algo que tal vez no es una posibilidad para ellos. Esta búsqueda constante, les impide permanecer y los impulsa a cambiar.

Entre las formas que adopta el extremo de cambiar se encuentran:

- La búsqueda incesante de nuevas experiencias. En ocasiones no se trata de algo necesario o que necesite la persona o la organización; simplemente es "lo nuevo", "la tendencia" o algo que aún no se ha experimentado.
- La adquisición de nuevas tecnologías, cuando las actuales ni siquiera se han aprovechado en un, digamos, cincuenta por ciento de su potencial.
- Adaptación de teorías o prácticas organizacionales, por el sólo hecho de ser la

novedad o la tendencia, sin que se conozca a fondo las condiciones que permitan la efectividad en un entorno como el propio.

- Demasiados proyectos; algunos incluso que se contraponen en lo esencial y evitan, por su propia naturaleza, la sinergia que permita su implementación y, por consecuencia, alcanzar los resultados deseados.

- Síndrome de "Todo es desechable": si se trata de un equipo, compra uno nuevo, no laves lo sucio, deséchalo o cámbialo por otro limpio. Incluso, si se trata de personas, deshazte de esa persona y busca su reemplazo. A este fenómeno Zygmunt Bauman le llamó "*Modernidad Líquida*"[20].

- El enfoque en el presente sin pensar en el futuro hace que las decisiones sean inmediatistas, de corto plazo…después se deberá dedicar tiempo a corregir lo hecho.

El problema de estos cambios excesivos es que no permiten que lo nuevo "madure"; que alcance su verdadero potencial. Se queda a medias de su desarrollo natural, por lo que, incluso los beneficios aún no se han generado en el nivel que se esperaba. No es que lo nuevo no funcione, simplemente es que no ha llegado al punto óptimo para demostrar su funcionalidad. Esto aplica

---

[20] Zygmunt Bauman, acuñó el término de modernidad líquida a los tiempos actuales, basándose en los conceptos de fluidez, cambio, flexibilidad, adaptación, entre otros. Bauman afirma que lo "líquido" es una metáfora regente de la época moderna, ya que esta sufre continuos e irrecuperables cambios.

tanto a relaciones interpersonales, como a prácticas empresariales o equipamiento de alta tecnología.

Durante un proceso de planeación estratégica en una empresa, el director de operaciones enumeró los proyectos para el año siguiente: 37 proyectos que "harían que la empresa alcanzara la excelencia".

Cuando se reflexionó acerca de la importancia del Enfoque para lograr la Sinergia de la empresa y que facilitara el que todo el personal supiera con Claridad qué era lo que a la organización la haría exitosa; se determinaron 5 proyectos estratégicos.

El proceso para llegar de 37 a sólo 5 proyectos fue un arduo camino que el director de operaciones sufrió y que por momentos lo asumió como una afrenta hacia su persona. Se podría decir que incluso se convirtió en un "obstaculizador inconsciente" de la puesta en marcha de esos proyectos. La idea de que "más es mejor" y el descartar proyectos tan emblemáticos como "Lean Manufacturing", fueron algunos de los paradigmas de ese director.

Durante la ejecución del plan estratégico en el transcurso del año, los resultados demostraron que el enfoque del personal hacia los 5 proyectos estratégicos fue total. Incluso los niveles operativos conversaban de "la estrategia" de la empresa con naturalidad. Al final del año la organización logró mejores resultados, tanto operativos como financieros. Incluso se pudo avanzar en la preparación de personal clave en lo que serían proyectos futuros para la persecución de la excelencia. Las herramientas de Lean Manufacturing se empezaron a aplicar de manera natural como un medio para cumplir los proyectos estratégicos, no como un proyecto en sí mismo.

Lograr el equilibrio entre Permanecer y Cambiar

Los beneficios de alcanzar el equilibrio entre Permanecer y Cambiar son por demás interesantes:

Energía vital. Mantenerse alejado de los extremos que producen Permanecer o Cambiar; producen una energía que algunos filósofos le llaman *"estar despiertos"*. La vida cobra sentido, Se está en donde se quiere estar y se cambia cuando es necesario para mantener el sentido de la vida. Esta energía genera la fuerza para conservar lo que se ama: las personas y recursos que más agregan valor a tu vida o al presente y futuro de una organización; aún en condiciones adversas. Permite reconocer lo que requiere cambiarse y tener la fuerza para aceptarlo de manera constructiva, sin resentimientos ni arrepentimientos. Esta energía alimenta la actitud positiva, el compromiso; la tolerancia y la lealtad.

Metas y objetivos. Alcanzar el equilibrio entre Permanecer y Cambiar, permite establecer metas y objetivos, personales, profesionales y organizacionales. Definir el tiempo para alcanzarlos, trazar el camino y las actividades que nos permitirán alcanzarlos. La velocidad dependerá de lo que se desea y de lo que se tiene. El tiempo dependerá del entusiasmo y los recursos que se vayan generando en el camino.

Aprendizaje continuo. "La vida es el camino" reza una frase popular; no se puede disfrutar del camino sentado en una piedra, viendo pasar a los caminantes, hay que caminar. Tampoco se puede apreciar el camino si corre uno todo el tiempo. Claro que la velocidad puede disfrutarse, pero se dejan de percibir demasiadas maravillas por ir tan de prisa. Al caminar se aprende, se dejan cosas que ya no agregan valor y se levantan aquellas que dan nuevo significado a la caminata y al camino en sí mismo.

La sabiduría se alcanza cuando es sencillo entender las señales del camino: cuándo detenerse y disfrutar del paisaje, cuándo moverse para ir a nuevos parajes; cuándo caminar a solas y cuándo buscar la compañía de otros caminantes.

Conciencia del hoy y del mañana. Al encontrar el equilibrio entre Permanecer y Cambiar, la perspectiva del hoy y del mañana se transforman. Por un lado, se disfruta del momento, del "ahora". El trabajo adquiere un significado diferente; ya no se trata de algo que se tiene que hacer; sino de algo en lo que se puede hacer la diferencia, no por los demás o por la organización; sino por uno mismo. "Si esto es lo que estoy haciendo lo haré lo mejor posible". El mañana se dimensiona y valora. Permite la visualización de una mejor perspectiva y se identifican los aspectos que se requieren para llegar allá. Por consecuencia se fortalece la importancia del hoy, de las decisiones y acciones que se deben realizar para llegar a donde se desea.

El cambio es una decisión, no una condición. El cambio es un medio, no un fin. El cambio consciente es crecer, aprender, madurar, evolucionar, transformarte.

Visión de largo plazo. Cada persona sabe cuándo ha llegado el momento de tomar la decisión de Permanecer o Cambiar; en ocasiones se toma el tiempo para evaluar las alternativas y en otras se deja pasar, con la esperanza de que las cosas cambien por si solas; de hecho, esta es una decisión en sí misma. La energía generada por este equilibrio te permite visualizar el futuro, considerar las opciones y emprender las acciones para alcanzar tu visión.

Mi abuelo me dijo una vez: "Para ser profesional no se requiere estudiar: Puedes ser el mejor taxista o el mejor jardinero y para ello no se necesita una licenciatura. Puedes ser el barrendero o el que recoge la basura; pero sé el mejor. Que la gente diga con entusiasmo: - ¡Ahí viene Daniel, el de la basura!- Hay montones de profesionistas; pero verdaderos profesionales, esos son los que hacen la diferencia".

Aquel consejo me ha acompañado toda mi vida laboral. En cada ocasión que he enfrentado complicaciones en mi trabajo; lo repaso en mi memoria y me ha ayudado a determinar si debo permanecer o es momento de cambiar. Si el permanecer me permitirá ser mejor y contribuir, entonces me quedo. Si permanecer amargará mi existencia y descubro que puedo llegar a convertirme en una "piedra en el zapato de la organización"; entonces es momento de cambiar.

En mi trayectoria laboral he pertenecido a organizaciones en donde la cultura era pobre y me encontraba rodeado de víctimas; de ellas me llevé lo que no se debe hacer. Si bien busqué, con mi trabajo "hacer la diferencia", el tamaño y fortaleza de su "oleaje organizacional" me enseñaron que hay personas para un tipo de organización y organizaciones para un cierto tipo de personas.

En otras organizaciones la cultura y el estilo de liderazgo me permitieron reconocer que siempre hay algo que aprender, que el cambio es lo único permanente y que dependía de mí el decidir si la velocidad era la que yo quería para disfrutar del camino. Al final, era mi decisión aceptar o no las condiciones.

Todas ellas me nutrieron de experiencias que han dado origen a este trabajo. En el camino he aprendido que La decisión de permanecer o cambiar es propia, no de los demás. La satisfacción por los resultados de esa decisión debe, sin excepción, ser positiva y haber generado la energía vital para enfrentar el siguiente momento decisivo.

De la suma de esos momentos se construye el tipo de vida que uno tiene; ya sea que la sufra o la disfrute, esa es la vida que se va construyendo en el camino.

Cada persona sabe cuándo ha llegado el momento de tomar la decisión de Permanecer o Cambiar; en ocasiones se toma el tiempo para evaluar las alternativas y en otras se deja pasar, con la esperanza de que las cosas cambien por si solas; de hecho, esta es una decisión en sí misma.

Si te encuentras en ese momento de tu vida, espero que estés en equilibrio para decidir si permaneces como estás, o haces un cambio para alcanzar la Excelencia que buscas.

Si tu decisión es permanecer, hazlo con entusiasmo y con energía para hacer que las cosas sean como tú las deseas; si la decisión es cambiar, entonces cambia, con optimismo y pasión (sin excesos, claro); lo importante es la satisfacción de que has hecho la elección que te parecía más adecuada.

Sea cual sea el resultado final, disfruta el proceso... disfruta el camino... el camino es la vida... la vida es un cambio constante.

El *equilibrio del Crecimiento y Desarrollo* es fundamental para la/el Líder de Líderes; no solo para sí mismo, sino para la gente que le sigue y que lo considera un ejemplo.

Liderazgo implica estar consciente del lugar en el que estás y de las contribuciones que haces. La/El líder es y está por decisión, no por condición.

La influencia que genera la/el líder en sus colaboradores es crítica para la productividad y la armonía en el entorno organizacional y familiar.

Si no estás donde quieres estar, muévete, solo así lograrás tu máximo nivel de desempeño y el de tu equipo.

Es por eso por lo que deberás ser muy consciente de lo que te motiva a permanecer o a cambiar.

Preguntas de aplicación personal

¿Hacia qué extremo tiendes a moverte?

|_____|_____|_____|
Permanecer   **Cambiar**

Ahora que conoces este modelo ¿qué puedes hacer diferente?

¿Cuentas con objetivos para tu desarrollo?

¿Cuál es la visión que tienes de ti mismo en 5 años?

¿Estás en donde quieres estar?

Si la respuesta es sí ¿qué acciones tomarás para conservar y disfrutar lo que haces y/o tienes?

Si la respuesta es no ¿qué acciones / decisiones debes emprender?

¿Si cambiaste recientemente, fue porque lo decidiste o por las condiciones de tu entorno? ¿Qué aprendes de ello?

Si tienes dudas o poca claridad de si es el momento de decidir permanecer o cambiar, haz una lista de los beneficios y los contras de la decisión que quieras tomar; en especial, las consecuencias para ti y las personas que te importan, proyéctalo hacia el futuro, 5 o 10 años. Seguro eso te dará visión para que tomes la mejor decisión.

EFECTIVIDAD, EFICIENCIA Y EFICACIA. El equilibrio entre Pensar y Ejecutar

Si has decidido iniciar el proceso de transformación para alcanzar el *paradigma del Liderazgo de Excelencia*, es fundamental reconocer que la/el líder se mide con base en sus resultados.

En los procesos de acompañamiento a personas en posiciones directivas, gerenciales, de supervisión y jefaturas, la clave para que las y los líderes generen un entorno productivo y armonioso es que el enfoque no se centre solamente en los buenos resultados o en las tareas, sino también en las relaciones, la colaboración y el clima laboral de su área, departamento y de la organización en su conjunto.

Durante la Pandemia COVID-19 se afectaron de manera importante los elementos del Proceso Administrativo[21], **la planeación** se debilitó ante la imposibilidad de prever una pandemia y las consecuencias económicas de la misma; **la organización** se vio afectada ante las restricciones de contacto; **la ejecución y su dirección**

---

[21] El proceso administrativo ha sido un modelo a seguir durante generaciones, el cual fue desarrollado y utilizado a finales del siglo XIX y principios del XX por Henry Fayol (1916), y a partir de ese momento se le ha identificado como la estructura básica de la práctica administrativa, otorgándole a ésta una capacidad de abstracción más amplia y la posibilidad de generar conceptos teóricos cada vez más particularizados a las necesidades de las organizaciones.

requirieron de nuevas formas y habilidades para el trabajo a distancia, y, por último, **el control** se maximizó ante la gran incertidumbre que se generó.

En medio de tal entorno, las y los líderes deben ser eficientes, eficaces y efectivos tanto en el tema de los resultados de negocio, como en el cumplimiento de tareas en las familias.

Sé que puede sonar a un juego de palabras, sin embargo, reconocer las diferencias y las relaciones de esos tres conceptos es crítico[22] para lograr la excelencia en el desempeño del equilibrio entre pensar y ejecutar.

En mi perspectiva y experiencia, existen personas que se limitan a realizar tareas, perdiendo el propósito de éstas, es decir son altamente eficientes, hacen uso de los recursos, incluso del tiempo, más no necesariamente cumplen los objetivos ni obtienen los resultados que se esperaba de ellos.

Hay otras personas que, en el afán de cumplir sus propósitos, desgastan o exceden el uso de los recursos disponibles, es decir son eficaces, más no eficientes.

La/El Líder de Líderes busca la *efectividad*, es decir, cumplir el propósito (objetivos, metas, actividades) - *eficacia*- y, al mismo tiempo, maximizar el uso de los

---

[22] Para algunos autores, la eficacia de una organización significa el grado en que ésta logra sus objetivos, mientras que la eficiencia considera la cantidad de recursos necesarios para obtener una unidad del producto (Etzioni, 1964). Para subrayar esta diferencia, Peter Drucker (1974) señala: "Eficiencia significa hacer bien las cosas. Eficacia es hacer las cosas debidas."

recursos, buscando la productividad de éstos sin generar desgaste -*eficiencia*-.

Efectividad, Eficiencia y Eficacia

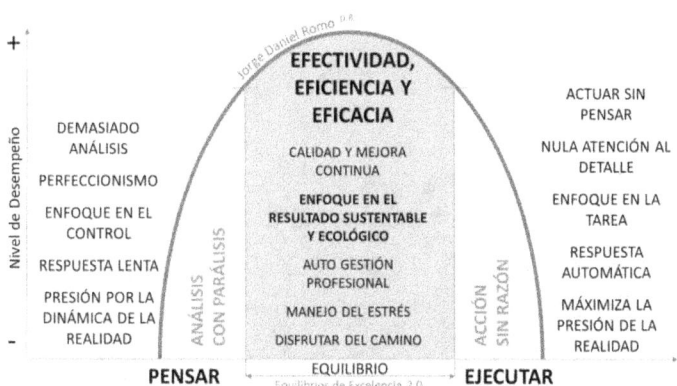

Pensar demasiado, puede llegar a detener la vida de una persona, no sólo en aspectos de trabajo, sino en sus relaciones personales y familiares. Este extremo está ligado a un estilo introspectivo que realiza evaluaciones al máximo de las posibilidades que un suceso genera. Algo que es común en estas personas es que, como es natural en la mayoría de los seres humanos, se concentran en los aspectos negativos o en los riesgos de esas posibilidades; provocando estrés, ya sea por presión o tensión, que podría llamarse "virtual". Es decir, se preocupan demasiado por algo que, si bien es una posibilidad, no significa que sea real.

Este extremo se refleja en el trabajo en personas que dedican mucho tiempo al análisis y a la planeación y, como medida de "prevención", al exceso de controles; lo cual a simple vista puede ser positivo y de valor; en la realidad se traduce en parálisis. Lo cual, en un entorno

47

global tan dinámico y cambiante, puede resultar que, cuando al fin se decida actuar, sea demasiado tarde o que el flujo de las actividades y transacciones sean lentos y desgastantes.

Cuando se piensa demasiado, será casi imposible tomar un riesgo.

Las personas que viven en este extremo esperan contar con TODOS los elementos para tomar una decisión, tienen demasiadas preguntas y requieren de mucho tiempo para completar las respuestas.

Otra característica que puede observarse en las personas que piensan demasiado, es que se centran demasiado en los detalles; el perfeccionismo se convierte en una desventaja o al menos en una fuente de preocupación constante, que puede incluso ser fuente de angustia, no solo para ellos mismos, sino para las personas de su alrededor[23].

En una empresa de telecomunicaciones que se encontraba en medio de una fusión entre un corporativo estadounidense y otro europeo, las diferencias culturales entre ellos generaron un entorno de pensamiento excesivo. Se dedicó demasiado tiempo para establecer planes detallados de trabajo, reglas de colaboración, de

---

[23] Romo, Daniel. Artículo La paradoja de la perfección: el síndrome del perfeccionismo. Blog: https://inteligenciaemocionalyproductividad.com/2012/02/28/lapar adoja-de-la-perfeccion-el-sindrome-del-perfeccionismo-2/

comunicación; esquemas de medición y control, etcétera.

Había demasiadas diferencias que resolver, lo cual generó una situación de temor ante los riesgos de una mala ejecución. Aquello que se temía, se volvió una realidad.

Mientras la empresa fusionada, se "ponía de acuerdo"; la competencia desarrolló nuevos productos; surgieron nuevos estándares tecnológicos, que; cuando en la empresa ya estaban listos para actuar, era demasiado tarde.

La fusión fracasó y ambas empresas perdieron su posicionamiento en el mercado y fueron otros los que aprovecharon la oportunidad y se beneficiaron del enorme crecimiento comercial de la telefonía celular.

Durante una de las sesiones de trabajo con un diseñador de páginas web; me compartió una experiencia que tuvo con uno de sus Clientes.

Al parecer se trataba de un Cliente perfeccionista en extremo que buscaba que su página de internet fuera de la máxima calidad. El proceso de construcción de la página web había sido complejo, largo, de hecho, extremadamente largo, frustrante (probablemente no sólo para el diseñador, sino también para su cliente) y, había dejado de ser rentable (dado la enorme cantidad de tiempo dedicado a los detalles y que el cliente consideraba como parte de un trabajo de calidad por parte del diseñador).

Durante una de las últimas sesiones, el cliente le indicó que un texto debía estar "ligeramente" más hacia la derecha para que "hubiera más impacto visual" entre el texto y las imágenes. El diseñador lo "jaló" hacia la derecha. El cliente frunció el ceño y expresó que había sido demasiado. El diseñador lo recorrió un poco hacia la izquierda. El cliente expresó que aún no estaba en el lugar "preciso". El diseñador respiró profundo e hizo una serie de "ligeros movimientos" con el mouse arrastrando con ello el desubicado texto. Al finalizar miró al cliente, quien le expresó su satisfacción y le pidió que observara la "enorme diferencia y lo mucho que había mejorado".

Lo que el cliente nunca supo fue que el diseñador había dejado el texto, exactamente en el lugar original y los casi 20 minutos dedicados a ubicar el texto no habían aportado ninguna diferencia.

En una cena con la familia de un colega dedicado a la capacitación, surgió el tema de las actividades extraescolares de mis hijas. Señalaron la falta de consideración de mi esposa

y mía propia, hacia la necesidad de que los niños "vivieran" una niñez "apacible", libre de presiones y de estrés innecesarios.

Su argumento se basaba en el hecho de que mis hijas asistían a la escuela por la mañana y por la tarde a una escuela de natación, dos veces a la semana, y tomaban clases de tenis otros tantos días; además los sábados por la mañana tomaban clases de inglés.

Sus hijos en cambio disfrutaban de su niñez sin "presiones y exigencias", asistiendo solamente a la escuela entre semana.

- "No están dejando que crezcan poco a poco. Cuando sean grandes mis hijos, ellos decidirán qué desean estudiar y yo estaré satisfecho por haberles facilitado las cosas en su niñez"- Remató su argumento con aire paternal y preocupado sinceramente de no "saturar" a sus hijos con actividades adicionales a la escuela primaria.

Debo decir que mis hijas, tenían excelentes calificaciones en su escuela, disfrutaban de las clases de tenis y les encantaba el agua, así que nadar era un disfrute para ellas. Respecto al inglés, reconozco que había días, en los que preferían quedarse en cama que ir a la escuela de idiomas; pero al salir de su clase, siempre demostraban haber disfrutado de los compañeros y presumían lo que habían aprendido ese día.

Volviendo a la cena con mi colega; me quedaba claro que él estaba seguro de que las actividades de mis hijas eran demasiadas y que pensaba que "forzar" a sus hijos a realizar tantas actividades, los presionaría demasiado. Como no era mi intención criticar la forma de educar a sus hijos; me esforcé porque mi respuesta fuera cortés; pero contundente:

"Cuando tus hijos necesiten saber inglés y empiecen a estudiarlo, mis hijas ya lo hablarán".

Y el tiempo me dio la razón.

El otro extremo, el de **la máxima ejecución**, es una fuente de estrés para quienes rodean a las personas que desean todo "para ayer". Aquellos que buscan que TODO esté en movimiento: *"Dormir, comer, descansar, son pretextos de los holgazanes".*

El riesgo siempre está presente en este extremo. Se actúa sin pensar. No hay tiempo para detenerse y evaluar las consecuencias de las acciones realizadas. No hay tiempo para medir los resultados. No hay tiempo para aprender. No hay tiempo para el orden. Sólo hay tiempo para hacer lo que se tiene que hacer.

Como ejemplo de este extremo compartiré una anécdota que escuché en una conferencia acerca de la importancia de generar tecnología en los países y las empresas; el director de uno de los organismos de desarrollo tecnológico más importantes del país compartió lo siguiente:

"En un periodo vacacional, mi familia y yo visitamos un pintoresco pueblito. Como es de suponer, visitar la plaza y el templo son paradas obligadas. Mientras mi esposa, su mamá y mis hijos admiraban los cuadros y la artesanía; mi atención se centró en un grupo de personas que discutían apasionadamente. Me acerqué a ellos para escuchar con mayor claridad. Logré entender que las fiestas patronales iniciaban al día siguiente y debían bajar al santo patrono de la iglesia para un recorrido por las calles del pueblo.

"Me pareció una práctica interesante y le pregunté a uno de los emocionados lugareños, por qué en esa ocasión querían bajar al santo. Él hombre puso cara de "éste no sabe nada" y me aclaró que cada año el santo se bajaba y recorría las calles del pueblo, y que al final de las fiestas lo volvían a subir.

"Pero, si lo bajaban cada año ¿cómo era posible que estuvieran discutiendo la forma de bajarlo ahora? El hombre se encogió de hombros y me recomendó hablar con el señor cura.

"Me acerqué al sr Cura y le hice la pregunta: ¿Cómo era posible que, si bajaban al santo cada

año, ahora no supieran cómo hacerlo? El señor Cura puso cara de iluminado y dijo en tono angelical: - "Lo sé hijo, esto sucede cada año y bajarlo es un milagro"-.

Esta anécdota; refleja perfectamente el extremo de la ejecución, en la que la *Acción sin Razón* es la premisa y cada resultado es un *milagro*.

En la práctica de la consultoría a empresas micros, pequeñas y medianas, lo anterior es un factor común. Al no establecer procedimientos de trabajo, "cada embarque se convierte en un milagro".

Lo crítico es que, en muchos casos, los empresarios se resisten a "hacer un alto" y definir aquello que los ha hecho exitosos, con el fin de asegurar la repetición, la consistencia, y asegurar que, si llega un nuevo integrante a la organización, se le pueda explicar, demostrar y enseñar a hacerlo de la forma que debe realizarse y que tiene el "sello de la casa".

En el extremo de la ejecución las respuestas sin pensar o automáticas son la forma natural de comunicación. Se "sueltan" las cosas y después habrá que arreglar los daños en las relaciones…pero como no hay tiempo para ello; las distancias se incrementan, provocando serias afectaciones en la colaboración y el trabajo en conjunto.

En este extremo se presentan las reacciones impulsivas que hacen que una persona renuncie a su empleo sin tener otro asegurado.

Esta forma de actuar se ha incrementado a partir de la Pandemia de COVID-19, las personas tienen prisa y son menos tolerantes; según estudios de la Organización Mundial de la Salud, la salud mental de la población de las Américas se ha visto gravemente afectada por la pandemia de la COVID-19 y por sus efectos sobre nuestras vidas, economías y sociedades[24].

Por otra parte, mientras que el perfeccionismo es la consecuencia de pensar demasiado; en este extremo las cosas se dejan a medias o sin terminar. *"Lo importante es que trabajen"*. Es común que no se tenga una conciencia de cómo se logró que funcionara; al no haber un método, cada ocasión es un "reto" y hay que resolverlo cuanto antes.

La imagen de las personas que "operan" en este extremo, es que <u>son muy trabajadoras, pero poco efectivas</u>. Siempre tienen cosas que hacer, pero sus resultados no corresponden a la energía dedicada. En general, las personas en este extremo son *"sumamente trabajadoras, pero poco productivas"*.

La cultura de reactividad que se vive en la mayoría de las empresas refleja muy bien la enorme tendencia a caer en la ejecución a ciegas. Cuando en una organización las cosas son "para ayer" o donde "todo urge" es una prueba evidente que se ha caído en este extremo.

---

[24] Consultar https://www.paho.org/es/noticias/9-6-2023-salud-mental-debe-ocupar-lugar-prioritario-agenda-politica-tras-pandemia-covid-19

En las organizaciones mexicanas se vive este extremo de manera por demás arraigada. México es el país de la Organización para la Cooperación y el Desarrollo Económico (OCDE) que más horas trabaja: 2,216 horas al año, más de 42 horas promedio a la semana (estos han aumentado en los años posteriores a la pandemia). En tanto que Alemania trabaja 876 horas menos al año. ¿Cuál de los dos países es más productivo? Efectivamente, trabajar más, no significa generar más valor[25]. Este es un ejemplo tangible del extremo de Ejecutar.

Ana es una gerente de producción que logró sacar adelante a la empresa durante el alza de la demanda de sus productos que generó la pandemia de COVID-19 en 2021. Sin embargo, al volver a la normalidad en 2022 y el inicio de 2023, las cosas se descontrolaron por completo.

La dirección me solicitó acompañarla en un proceso de coaching con el fin de mejorar los resultados y volver a poner los procesos en orden.

El proceso de coaching fue difícil para ella: Su falta de tiempo y estar atendiendo continuamente urgencias, tomando decisiones que solo ella podía tomar; hacían que fuera casi imposible tener una sesión libre de interrupciones.

---

[25] OECD Compendium of Productivity Indicators 2023

Para mí era evidente que se encontraba en el extremo de ejecutar, más para ella era lo que la organización necesitaba para poder responder a los requerimientos de los clientes.

En la última sesión que tuvimos, le solicité que hiciera una lista de las acciones o tareas para dar arranque a un nuevo sistema de captura de resultados de producción, el cual estaba retrasado casi seis meses. La lista que realizó la redondeamos a 10 puntos con el fin de que la reflexión fuera evidente.

Al terminarla, le pedí que clasificara cada acción o tarea en los 4 elementos del proceso administrativo, el resultado fue contundente: cero en planeación, cero en organización, 7 actividades de ejecución y 3 en control.

Al realizarle preguntas relacionadas con la planeación y organización para el arranque del sistema, ella reconoció que no las había considerado, pero que se resolverían sobre la marcha.

Ana se sintió muy confrontada con esta última sesión, por lo que solicitó hablar con la dirección y acordó retirarse de la empresa de manera gradual en un periodo de tres meses.

El proceso de coaching se detuvo, cumplió el acuerdo con la dirección por menos de tres semanas y se retiró de manera definitiva.

En su ausencia, la organización se reajustó y, paradójicamente, los resultados presentaron cierta mejora en el mes inmediato a su salida.

Lograr el equilibrio entre Pensar y Ejecutar, conlleva a beneficios por demás sobresalientes y que, sin lugar a duda, se convierte en la fórmula para transitar el camino hacia la excelencia personal, profesional y organizacional:

- Permite la planeación objetiva y práctica.
- Evita el exceso de planes y la falta de acciones.
- Los planes se ejecutan, se miden y se establecen correcciones para la mejora.
- Los indicadores son guías para la acción.
- Se evita el perfeccionismo; pero se atienden los detalles, los aspectos que son la esencia de la calidad.
- Se encuentra el equilibrio entre el "Micro y el Macro Management"; es decir: "Se atienden los árboles, sin perder de vista el bosque".
- Se logra la "Productividad Personal", al manejar las actividades de manera efectiva, estableciendo prioridades y aplicando el principio de Covey: "Primero lo Primero"[26].

---

[26] Covey, Stephen. Primero lo Primero. De Los 7 hábitos de la gente altamente efectiva. Paidós 1989

- La prevención y la preparación para hacer frente a las contingencias disminuyen el estrés generado por los imprevistos.

- Se evita-disminuye-elimina el síndrome del "bombero" o "apaga fuegos", en el que se vive de urgencia en urgencia.

- Permite el aprendizaje organizacional: se comparten las experiencias positivas y negativas, identificando los aspectos críticos que influyeron en el resultado.

- Se valora la capacitación y el desarrollo de las personas. Se trata de una inversión de tiempo y de recursos que genera valor.

- Se documentan los procedimientos con el fin de facilitar el aprendizaje de los nuevos elementos de la organización.

- Se estandariza para asegurar la repetición y consistencia de las actividades.

- Se logra la efectividad.

En el entorno VUCA, la/el Líder de Líderes debe lograr el equilibrio entre Pensar y Ejecutar, solo así logrará desempeñarse de manera efectiva y será capaz de manejar los altos niveles de presión y estrés que la dinámica del mundo actual exige.

Alcanzar la efectividad es uno de los objetivos de cualquier persona que aspire a la excelencia.

En esta nueva realidad, que la experiencia de la pandemia por COVID-19 nos ha generado, agregar valor en los entornos en los que nos movemos, es fundamental.

Este equilibrio entre pensar y ejecutar permite visualizar lo que se requiere para lograr resultados con el menor esfuerzo, implica el identificar los recursos y acciones para lograr la calidad y la mejora continua.

Durante una de las sesiones de acompañamiento a un director de una empresa productora de artículos para las cadenas de autoservicios a nivel nacional; se encontraban en una crisis para realizar tres embarques simultáneos.

El director se encontraba en el almacén lanzando órdenes y directrices a diestra y siniestra a todos los miembros del equipo que trataba realizar el surtido a los camiones lo más rápido posible.

Me acerqué a aquella vorágine de movimientos de personas, transpaletas y montacargas, los observé y pude darme cuenta de que la ejecución no estaba siendo efectiva.

Me acerqué al director para pedirle que observara la dinámica que el equipo tenía. Su respuesta automática fue - ¡Estamos ocupados, no hay tiempo para observar! -. Esperé unos minutos más y un error en la carga a uno de los camiones, fue la excusa para volver a solicitarle al director que observara la manera en que su equipo estaba ejecutando.

Pudo darse cuenta de que la reactividad y urgencia estaba generando errores y hasta daños a los productos.

Me miró y me dijo - ¿Qué hacemos inge? ¡Esto es un caos! -.

-Haz las preguntas básicas a las personas correctas-. Fue mi respuesta. Él era un empresario inteligente y con mucha experiencia, por lo que rápidamente comprendió lo que había que hacer.

Llamó al responsable del área y a los dos jefes de almacén. En cinco minutos establecieron prioridades de carga, los camiones tenían una diferencia de al menos una hora entre uno y otro para llegar a tiempo a la cita en el CEDIS del cliente. El montacargas estableció una rutina de descarga de productos y puesta a una distancia cómoda y segura para que los almacenistas movieran el producto al camión correspondiente.

En menos de una hora habían completado la carga de dos de los tres camiones y el más urgente estaba en camino hacia el cliente.

Puede que sea un buen momento para que, si no lo has hecho ya; hagas un alto y reflexiones cómo te encuentras en la práctica del equilibrio entre Pensar y Ejecutar.

Preguntas de aplicación personal

¿Hacia qué extremo tiendes a moverte?

|_____|_____|_____|

Pensar   **Ejecutar**

Ahora que conoces este modelo ¿qué puedes hacer diferente?

¿Cuál es tu nivel de estrés en un día normal de actividades?

¿Cómo defines tus prioridades?

¿Cómo calificarías (1 al 10) tu productividad personal?

¿Te consideras una persona efectiva? Si la respuesta es sí ¿cómo lo logras? Si la respuesta es no ¿qué cambios requieres llevar a cabo?

¿Cómo logras que tus acciones y decisiones sean efectivas en condiciones de mucha presión o estrés?

¿Cómo aseguras que las tareas, tuyas y de la gente a tu cargo, generen los resultados que buscas?

Cuándo las cosas no están funcionando ¿qué haces para asegurar el mejor resultado posible?

COMUNICACIÓN EFECTIVA. El equilibrio entre Escuchar y Hablar

Comunicación Efectiva

La Comunicación es el Proceso de procesos. El 99% de las personas consideran la comunicación como un factor esencial en las relaciones Cliente Proveedor, más apenas 17 % de las personas considera que la comunicación de su empresa es excelente[27].

Gran parte de los problemas que surgen en las relaciones humanas, se deben a una falla en la comunicación, ya sea porque no se realizó de manera oportuna, en la forma adecuada, por el medio o canal adecuado, con y/o hacia

---

[27] Businesses Still Can't Nail Effective Communication [New Data] https://acortar.link/jUTGHd

63

la persona adecuada, en el lugar y/o en el momento adecuados.

Para comunicarte con efectividad, hablar el mismo idioma no es suficiente.

En este siglo 21 disfrutamos de grandes avances en las telecomunicaciones; nunca la humanidad había contado con tantos medios para comunicarse de manera remota; esto ha hecho que las formas de comunicación se modifiquen. Hoy se prefiere enviar un mensaje de texto ("textear") que realizar una llamada telefónica.

La realidad es que la forma de comunicarnos se ha transformado. Ahora es inmediata. La espera en recibir respuesta es en segundos, no importa que estés de un lado al otro del mundo. Claro que más velocidad no implica mayor efectividad; pero hay un cambio importante.

Los teléfonos ahora son "inteligentes" y se usan menos para hablar a través de ellos. Los textos, las imágenes (desde emoticones hasta *memes*[28]) y los videos se usan más para expresar emociones que la voz.

---

[28] Un meme es la palabra usada para definir conceptos que se difunden por internet. Puede ser un vídeo, imagen, página web, hashtag, o simplemente una palabra o frase. Meme es una palabra derivada del griego "mimema" que significa "algo imitado" y hace referencia a una forma de propagación cultural donde las personas transmiten memorias sociales y culturales entre sí.

Sí, la forma de comunicarnos ha cambiado y seguirá cambiando.

Si todo lo anterior fuera poco, hay que agregar que la efectividad de la comunicación va más allá de hablar o escribir con propiedad; hay que escuchar, observar y reafirmar los mensajes recibidos.

Es por todo ello que de este equilibrio depende la comprensión, la comunicación, la retroalimentación y el diálogo efectivos.

La comunicación es fundamental en la gestión de personas. La/el líder que logre el equilibrio entre Escuchar y Hablar habrá dado uno de los pasos más importantes para convertirse en *Líder de líderes*.

Es muy común encontrar personas que **hablan, pero que no escuchan.** La comunicación efectiva depende de la verificación que el mensaje haya sido recibido de manera correcta por el interlocutor. Si sólo se habla, más no se presta atención a lo que el receptor expresa, entonces el emisor no podrá garantizar que su mensaje fue recibido como él esperaba.

Hay personas que "hablan" sin decir una palabra, sus gestos y posturas dicen mucho más que lo que expresan. Tener conciencia de tus expresiones no verbales es fundamental en este equilibrio.

Para enfatizar la importancia de este equilibrio en el nuevo paradigma del *Liderazgo en Equilibrio,* debemos ampliar el concepto de Escuchar, **hay que entenderlo**

más como "Percibir" a los demás. Es decir, estar atentos a sus reacciones cuando hablamos.

Escuchar/Percibir nos permitirá darnos cuenta de que la otra persona está comprendiendo el mensaje; si la forma y contenido son los adecuados para la persona a la que nos dirigimos; y, tal vez lo más importante, seremos conscientes de que el momento y el lugar son los adecuados para decir lo que queremos. Esta es la razón por la que se dice que *"hay gente que oye; pero que no escucha"*.

Una persona que Habla, pero no Escucha, está centrada en lo que quiere decir, cómo lo quiere decir y cuándo lo quiere decir. Se trata de una transmisión de información en un solo sentido.

En estos casos es común que, al presentarse problemas por no ejecutarse las acciones como se habían "comunicado"; se culpe a los demás por su testarudez, incapacidad o hasta su supuesta incompetencia.

Covey ya enfatizaba la importancia de escuchar en su hábito 5: "Primero comprender, para ser comprendido"[29].

La efectividad de la comunicación es responsabilidad del emisor. Asumir esa responsabilidad en el momento de ser emisor de una idea, instrucción, o mensaje de

---

[29] Covey, Stephen. Primero comprender, para ser comprendido. De Los 7 hábitos de la gente altamente efectiva. Paidós 1989.

cualquier índole; permitirá asegurar que el proceso de comunicación se cumpla al cien por ciento.

Para ello es conveniente utilizar técnicas de verificación para asegurar que el mensaje se haya recibido con la mayor eficacia posible.

Una de esas técnicas es el parafraseo, la cual consiste en solicitar que se repita, en las palabras de la otra persona, el mensaje que acaba de recibir. Es claro que el parafraseo sólo puede funcionar si existe un equilibrio entre escuchar y hablar.

Otra técnica es el preguntar. Quien asume la responsabilidad de la comunicación efectiva, hace preguntas a su interlocutor; de esa forma se asegura que la persona ha asimilado los conceptos clave del mensaje.

Preguntar es una herramienta poderosa para la efectividad de la comunicación, tanto para quien emite, como para el que recibe, de manera responsable, un mensaje.

En esta época en que los medios de comunicación presentan avances tecnológicos impresionantes; no deja de ser paradójico que hacia el interior de las organizaciones la efectividad de la comunicación no se haya mejorado de manera sustancial. De hecho, ahora hay más "distractores" que se convierten en "ruido y hasta barreras" de la comunicación.

Cuando afirmo que la comunicación es responsabilidad del emisor, es de verdad.

Es común que un emisor no tome en cuenta aspectos como el momento y la forma en que transmite un mensaje. Se dan instrucciones sin asegurar que la otra persona "retenga" la información o solicitud recibida.

La oportunidad de la comunicación no solo es cuestión del tiempo, tiene que ver con la situación y la condición personal y emocional, así como del lugar y entorno del receptor.

Otro aspecto básico de la efectividad de la comunicación es registrar los elementos clave del mensaje. *"Más vale una mala nota que una buena memoria"*, decía mi abuelo y tenía absoluta razón.

Por eso es conveniente solicitarle al receptor que tome nota; es más, hay que pedirle que lea lo que escribió para asegurar que no se omite algo que pueda poner en riesgo la efectividad del mensaje.

En nuestra cultura pedirle al otro que repita o que lea lo que escribió, se considera "invasivo", implica que se "duda de su capacidad"; habrá que generar dicho hábito, no hay que olvidar que de ello depende el resultado y hasta el futuro de la relación personal, profesional o de negocio.

En una ocasión, mi esposa me pidió que comprara kilo y medio de jamón. Me hizo la solicitud mientras manejaba en una tarde lluviosa y un apretado tráfico de viernes por la tarde, además de que ya era tarde y era ella la que debía llegar a tiempo a un evento en su trabajo.

Habíamos acordado que la llevaría a su trabajo y la esperaría en un café leyendo o trabajando en mi laptop.

Dado que durante el trayecto surgió la necesidad de la compra del jamón, el cual sería uno de los elementos fundamentales para una comida en familia del día siguiente, mi plan de pasar una rica tarde lluviosa en un café pasaba a segundo término, lo cual no me generó entusiasmo en lo absoluto.

La dejé en su trabajo y me dirigí al supermercado para comprar el jamón. Dado que en mi plan original no estaba la compra del jamón, bajé del carro con la preocupación de que mi laptop no se viera desde el exterior y que pudiera ser el motivo de que me robaran el auto o rompieran un cristal para extraer la computadora. No se trataba de una preocupación sin fundamento; ya que en esa zona se habían presentado incidentes de ese tipo recientemente. Con esa preocupación en mente, entré a la tienda de autoservicios lo más rápido posible y compré medio kilo de jamón.

(Si usted ha puesto la debida atención, se habrá dado cuenta de que lo que compré no correspondía a lo que ella me había solicitado).

Cuando ella salió de su trabajo me preguntó si había comprado el jamón, a lo que respondí que sí, que había sido lo primero que había hecho. Pasamos por mis hijas y después de las diez de la noche llegamos a casa.

La crisis generada por no haber comprado la cantidad correcta de jamón, por mi falta de atención a TODO lo que ella me decía y... bueno por todo lo que se puede decir cuando un esposo no escucha a su esposa; justifican ampliamente que, a partir de ese evento; hayamos acordado que, cuando me solicitara comprar algo en el camino, me enviaría un mensaje de texto y, si era urgente, me llamaría para confirmar que lo había recibido, para así aclarar cualquier duda al respecto.

A mis clientes les recomiendo lo que, en lo personal, practico: la **complementariedad de medios de comunicación.** Es decir, aprovechar la diversidad de medios disponibles y asegurar la retroalimentación para garantizar que el mensaje llegue de la manera más clara y completa posible.

Por ejemplo, si se manda un correo y no se tiene una respuesta que confirme la lectura de éste (no me refiero a la respuesta automática de "correo leído"; ya que ésta puede generarse al pasar sobre el mensaje, pero no asegura que la persona realmente lo leyó), entonces se envía un mensaje de texto y/o se realiza una llamada de confirmación.

Es muy común que las personas asuman que al enviar el correo se ha cumplido con la tarea. El correo electrónico, los textos, incluso las llamadas telefónicas son solamente medios, no son el objetivo a cumplir.

En una reunión con el director de una empresa y su gerente de ventas, de repente el director recuerda un asunto pendiente y se dirige al gerente.

-Por cierto ¿te comunicaste con el cliente equis?

-Sí, ya le mandé correo. – contestó el gerente de manera despreocupada.

-A ver. Te pregunté si ya te habías comunicado, no si le habías mandado correo. – replicó el director con tono firme y asumiendo una postura diferente.

-Es que le llamé un par de veces y hasta le mandé mensaje por WhatsApp y no me ha contestado. – Se justificó el gerente, ahora ya con cara de preocupación.

-Lo que espero de ti es que te comuniques con los clientes, en especial casos como este, y si requieres esperarlo afuera de su oficina para comunicarte con él, eso es lo que debes hacer. La próxima vez dime que no te has comunicado y qué vas a hacer para lograrlo. – Finalizó el director, dirigiendo de nuevo la atención al tema de nuestra reunión.

Escuchar/Percibir y Hablar es un equilibrio poderoso. Es una habilidad que se desarrolla día a día y que debe practicarse con dedicación, perseverancia y entusiasmo.

Hace años, cuando mis hijas tenían cinco y tres años, al entrar al cuarto de baño descubrí una frase escrita en la pared.

Molesto por encontrar "grafiti" en mi casa; llamé a mi hija mayor y empecé a regañarla por no respetar la pared de la casa. Mi esposa y mi hija menor se acercaron a escuchar el regaño. Mientras mi esposa reforzaba y enfatizaba lo incorrecto de escribir en la pared, mi hija mayor lloraba y lastimosamente repetía que ella no había sido la culpable.

Entonces, observé (percibí) la expresión de temor de mi hija de tres años; miré la escritura en la pared: era firme y con trazos definidos, no parecía la letra de una bebé de kínder. "¿Fuiste tú hija?" Le dije interrumpiendo el regaño de mi esposa, que ya estaba en la etapa de los castigos. Mi hija pequeña movió afirmativamente la cabeza con su culpable manita en la boca.

Le dije que debía limpiar la pared y pedirle disculpas a su hermana porque había recibido un regaño por algo que ella había hecho, y que no la castigaba porque... tenía una hermosa letra.

En el ejercicio profesional y en especial cuando se tiene personal a cargo, este equilibrio es crítico para la adecuada gestión y aplicación de liderazgo.

Escuchar/Percibir es una habilidad fundamental. Si esta habilidad no se practica de manera consistente, se cometerán errores en la delegación, la asignación de tareas y en la retroalimentación, ya sea positiva o constructiva para los colaboradores.

La/El Líder de Líderes es un(a) hábil retroalimentador(a), es consciente de que <u>a los adultos no se les regaña, se les retroalimenta</u>.

Precisamente respecto a la retroalimentación (feedback en inglés), las nuevas generaciones de jóvenes requieren de una retroalimentación continua, mucho más que con las personas de la generación X o anteriores.

Los jóvenes prefieren las *"conversaciones sobre la marcha"*, es decir dos o más conversaciones semanales acerca de sus fortalezas (retroalimentación positiva) y para recibir coaching o mentoría que les permita mejorar su desempeño (retroalimentación constructiva)[30]

En el otro extremo están los que **escuchan, pero no hablan**, que se encierran en sí mismos y no expresan lo que sienten o piensan, limitando la posibilidad de lograr acuerdos y aportar alternativas que la otra persona no ha visualizado.

Es común que esas personas que se quedaron calladas, después se quejen de las acciones tomadas; se convierten en víctimas que no asumen su responsabilidad por no haber externado lo que pensaban en el momento adecuado.

Debo aclarar que no se trata de los casos en los que no hablar es parte de una estrategia de negociación o para evitar que un conflicto crezca. Tampoco de los casos en los que no se tiene nada que decir. Se trata de que, cuando una persona tiene algo que decir y que el

---

[30] *GALLUP. Re-Engineering Performance Management Survey. 2017*

momento y el lugar son los correctos, no habla y prefiere guardarse para sí, lo que podría ser una aportación de valor que podría hacer la diferencia en los acuerdos resultantes.

Escuchar es una habilidad fundamental de liderazgo. El Coaching depende por completo del dominio de esta habilidad.

La escucha es crítica para la comprensión de los demás, para entender su perspectiva de las cosas y de los eventos.

Sin embargo, escuchar sin expresar, sin preguntar, sin aportar, sin retroalimentar, se puede considerar como apatía, egoísmo, tal vez incluso una actitud de soberbia.

Durante una reunión de staff de uno de mis clientes, se trataba un asunto relacionado con las áreas de trabajo con motivo de una restructura y modificación en las instalaciones administrativas.

Se aportaron numerosas propuestas, solicitudes y posibilidades. La responsable del departamento de administración y finanzas permaneció callada, más sus expresiones faciales denotaban su desacuerdo y desaprobación hacia lo que sus colegas aportaban.

El dueño de la empresa lo percibió y, con el conocimiento que tenía de su colaboradora, le preguntó directamente su opinión.

Ella no aportó nada nuevo y se limitó a respaldar lo que el dueño había planteado. Se lograron y aprobaron acuerdos al respecto.

Al salir la abordé y, después de tratar un par de asuntos varios, le pregunté acerca de la reubicación de los lugares de trabajo administrativos.

De manera firme y podría decir que, con cierto sentimiento de orgullo, me dijo: -Yo le voy a decir a mi jefe lo que requiero y él me va a dar la razón, siempre lo hace, y no tiene caso gastar mi saliva en una junta que no sirve para nada-.

Más tarde me enteré de que el resto del equipo de staff estaban muy molestos porque los acuerdos de la junta no se habían respetado y que los lugares se habían asignado a conveniencia de administración y finanzas.

Hablé con el dueño acerca de la importancia de cumplir los acuerdos generados en la reunión realizada y, que, si no eran factibles o convenientes, se debía comunicar las razones al equipo; de no hacerlo así, el tiempo dedicado habría sido una total pérdida de tiempo.

El dueño reconoció la importancia de respetar los acuerdos y retroalimentó a su colaboradora. Ella estuvo molesta por unas semanas (lo cual no fue muy diferente a su comportamiento normal); más el resto del equipo experimentó una mejor actitud y enfoque que fue percibida por el dueño.

En las reuniones ahora se refuerza la importancia de participar para contribuir o sufrir las consecuencias por no hacerlo.

El equilibrio entre Escuchar y Hablar en la función de líder tiene, entre muchas, las siguientes ventajas:

- "Saber" cuando la otra persona ha comprendido el mensaje o instrucción que se le acaba de dar.
- "Percibir" la reacción de los demás ante una situación particular.
- "Detectar" a las personas que requieren de más información o una forma de explicación diferente.
- "Evaluar" el impacto que la información ha generado en los demás.
- "Medir" si el tamaño de la asignación es congruente con la capacidad de la persona.

  La/El Líder de Líderes es consciente de los riesgos de asignar tareas "pequeñas" que no capitalizan el potencial de sus colaboradores; y también de lo que sucede cuando se abruma al colaborador con una asignación que va más allá de sus capacidades. En los dos casos se genera frustración y se afecta la autoestima de los colaboradores.

- Apertura para que los colaboradores "se atrevan" a expresar sus dudas o preocupaciones.

  Es un hecho que los colaboradores saben con mayor precisión el estado real de las cosas. Las y los líderes de líderes escuchan los argumentos, experiencias y, en algunos casos, los riesgos que sus colaboradores identifican para ejecutar una instrucción dada. De esa forma se contribuye a fortalecer el compromiso y propiedad de las acciones para cumplir con los objetivos de la organización.

*   "Prevenir" las consecuencias que se generarán entre las relaciones de los colaboradores. Las y los líderes de líderes conocen a sus colaboradores y pueden anticipar las reacciones de éstos ante la asignación de tareas, realizar cambios, o en la toma de decisiones relacionadas con su entorno. Se anticipan a la posible resistencia, facilitando el proceso y promoviendo la colaboración.

*   "Reconocer" la contribución de sus colaboradores al logro de los objetivos. Las y los líderes de líderes saben de la importancia y efectividad del reforzamiento positivo, por ello aprovechan cada oportunidad para reconocer las contribuciones de valor, el trabajo bien hecho y la vivencia de valores de sus colaboradores.

*   Preguntar para confirmar. Preguntar para comprender. Preguntar para profundizar. Preguntar para liberar el potencial.

La/el *Líder de líderes* es un formador, es un coach que, a través de la comunicación efectiva genera un entorno de participación, colaboración y retroalimentación constante que contribuye a la excelencia de las relaciones y resultados de la organización.

En los procesos de coaching con personas que hablan demasiado y escuchan poco; hacerlos conscientes de este equilibrio les permite autorregularse y desarrollar un mayor control al hablar y una mayor disposición a escuchar a sus colaboradores.

Como todos los *Equilibrios de Excelencia*; el equilibrio entre escuchar y hablar requiere de enfoque, práctica y aplicación en los tiempos buenos y, en especial, cuando existe presión y que los resultados no son los que se esperan.

Si bien los modelos de equilibrio de excelencia se complementan para generar el Paradigma de Liderazgo en Equilibrio, este equilibrio entre escuchar y hablar se potencia con los modelos de Inteligencia Emocional y el de Asertividad; por lo que te recomiendo los revises si no lo has hecho ya.

Poner en práctica los equilibrios de excelencia en los momentos de crisis harán que éstas sean más cortas y los resultados más gratificantes.

Preguntas de aplicación personal

¿Hacia qué extremo tiendes a moverte?

|_____|_____|_____|

Escuchar   Hablar

Ahora que conoces este modelo ¿qué puedes hacer diferente?

¿Qué tan consciente eres de tus expresiones no verbales?

¿Qué podrías hacer para mejorar la efectividad de tu comunicación?

¿Cómo verificas la efectividad de tus mensajes con:

- tus colaboradores?
- tus colegas?
- tus jefes?
- tus proveedores?
- tus clientes?

¿Cómo calificarías (1 al 10) tu habilidad para retroalimentar?

¿Cómo te aseguras de escuchar en forma activa?

¿Cómo aseguras la efectividad de tu comunicación cuando estás bajo mucho estrés o mucha presión?

¿Acostumbras a realizar preguntas para confirmar, comprender, profundizar, y/o desarrollar a los demás?

Si la respuesta es sí ¿qué tan efectivo eres?

Si la respuesta es no ¿qué requieres para empezar a hacerlo?

ASERTIVIDAD. El equilibrio entre Compasión e Intolerancia

El concepto de *Asertividad* genera confusión para algunas personas; es muy común que se relacione con decir las verdades sin filtros, es decir, sin consideración a los demás: *"no tener pelos en la lengua"* o *"decir no, sin sentirse culpables"*.

Para la mayoría es *tener la razón, estar en lo cierto* o en *cumplir el objetivo*; por su similitud con certeza y certero. De hecho, el origen de la palabra es el latín *assertus* y quiere decir "*afirmación de que algo es cierto*".

Si buscas **asertividad** en el diccionario de la Real Academia Española (RAE) encontrarás solo:
1. f. *Psicol.* Cualidad de asertivo.

Al buscar **asertivo** el resultado es:
De aserto.
1. adj. afirmativo.
2. adj. *Psicol.* Dicho de una persona: Que expresa su opinión de manera firme.
3. adj. *Psicol.* Propio de una persona asertiva.

Como puedes ver, no ha sido muy esclarecedor que digamos.

Puedes observar que *Psicol.* se repite, es una abreviatura de la palabra Psicología y es porque el concepto de asertividad surge para identificar un estilo de comportamiento, más en específico una *habilidad social.*

Es en el ámbito de la psicología en donde se generan las definiciones que actualmente se aplican en la gestión empresarial respecto al concepto de asertividad.

Te comparto algunas con las que coincido y que considero como fundamento de este *Equilibrio de Excelencia*: **Asertividad:**

> *"La conducta que permite a una persona actuar según sus intereses más importantes, defenderse sin ansiedad inapropiada, expresar cómodamente sentimientos honestos o ejercer los derechos personales sin negar los derechos de los demás"* (Alberti y Emmons, 1978).

> *"El grado en que una persona se puede comunicar con los demás de manera que satisfaga los propios derechos, necesidades, placeres u obligaciones hasta un grado razonable sin dañar los derechos, necesidades, placeres u obligaciones similares de la otra persona y comparta estos derechos, etc. con los demás en un intercambio libre y abierto"* *(Phillips, 1978)*[31].

---

[31] García Rojas, Antonio Daniel. Estudio sobre la asertividad y las habilidades sociales en el alumnado de Educación Social. XXI, Revista de Educación, 12 (2010). ISSN: 1575 - 0345. Universidad de Huelva. (225 – 240)

En los cursos en los que se toca el tema de la asertividad, que por cierto son muchos (comunicación efectiva, liderazgo, gestión de conflictos, negociación, y otros), utilizo la siguiente definición:

La Asertividad tiene que ver con la afirmación. Es la autoexpresión equilibrada que preserva el respeto a los derechos propios y de los demás, evitando tanto la prepotencia agresiva, como la sumisión pasiva.

Como te puedes dar cuenta, ser asertivo implica, en sí mismo, estar en equilibrio.

Asertividad

Los extremos del Equilibrio de la Asertividad.

Al estructurar este equilibrio, evité caer en lo evidente y en lo que ya otros autores señalan respecto al equilibrio entre la pasividad y la agresividad[32]. Al estudiar los comportamientos extremos que el mundo VUCA genera, encontré una tendencia muy importante hacia la compasión.

En las redes sociales se ha incrementado la promoción de la compasión por los seres humanos y hacia los no humanos en estado precario. Se genera preocupación por aquellos lejanos desvalidos, descuidando a los más cercanos que requieren de ayuda. Se está cayendo en extremos de *hiperempatía*[33], al que he preferido llamar *hipersensibilidad*.

En el entorno empresarial se habla del peligro que un exceso de empatía puede generar en la toma de decisiones, el rendimiento y la gestión efectiva de las personas[34].

Al observar a los mandos medios, en especial a los recién promovidos; una de las carencias en su estilo de gestión es su falta de habilidad para retroalimentar el bajo desempeño del personal a su cargo. Al preguntarles por qué dudan o les cuesta trabajo decirle a su subordinado

---

[32] Entre otros y como ejemplo, véase Escudero, M. P. C. (2018, 24 mayo). Qué es la asertividad y cómo trabajarla. Psicólogos en Madrid. https://www.manuelescudero.com/que-es-la-asertividad-y-como-trabajarla/

[33] Gualini, E. A. (2021, 17 septiembre). Hiperempatía: 10 Señales de vivir con un exceso de empatía. mundopsicologos. https://www.mundopsicologos.com/articulos/hiperempatia-10-senales-de-vivir-con-un-exceso-de-empatia

[34] Waytz, Adam. Los límites de la empatía. Harvard Business Review 2017

lo que debe de corregir, algunos lo justifican diciendo: *"yo he estado ahí, sé lo difícil que es"*.

Su falta de asertividad, por estar en el extremo de la compasión, les impide entender que, precisamente por su experiencia, son los mentores ideales para retroalimentar el bajo desempeño de la gente bajo su responsabilidad.

Estar en el extremo de la *hipersensibilidad*, hace que incluso las personas se olviden sus propias necesidades; se angustian y estresan por ayudar a los demás, descuidando su propia salud.

Para algunas personas esto podrá ser meritorio y digno de reconocimiento; la cuestión es que, quienes están en este extremo, se sacrifican incluso cuando no hay necesidad de ello. Adoptan actitudes de víctima al asumir el paradigma de "Yo pierdo, Tú ganas" [35]. Pierden el respeto por sí mismos; incluso se sienten culpables si llegan a hacer algo para su beneficio, cuando lo pudieron haber hecho por los demás.

En el otro extremo el paradigma es el de *"Yo gano, Tú pierdes"*. Se trata de personas egoístas que consideran que el mundo gira alrededor de ellos y que su verdad, sus creencias y convicciones deberían ser compartidas por la humanidad.

---

[35] Los paradigmas de interacción son parte del 4to hábito de Los 7 hábitos de la gente altamente efectiva. Covey, Stephen. Paidós 1989

En este extremo nos encontramos con personas agresivas, intolerantes, fríos, insensibles, que rechazan la diversidad. Se trata de personas que pueden llegar a ser peligrosas, no porque en esencia sean "malas", sino porque están convencidos de que tienen la razón y quienes no piensen igual, están equivocados.

Las conductas racistas, clasistas y de discriminación se generan por encontrarse en este extremo; esta es la razón por la que lo he marcado como **Intolerancia** para el modelo de gestión de este *Equilibrio de Excelencia*.

En el entorno organizacional, las personas que tienden a este extremo; son generadoras de conflictos, desgastan las relaciones entre los miembros de la organización. El ambiente laboral se desvirtúa al promover un entorno de competencia agresiva.

Las personas en este extremo tienden a ser agresivas para externar sus opiniones, para corregir o retroalimentar. Les cuesta mucho trabajo reconocer cuando sus colaboradores realizan un buen trabajo.

Cuando plantean los hechos lo hacen en tono desafiante, con tonos de reclamo. Por su insensibilidad y falta de tolerancia, el efecto que generan en los demás es dolor y afectación de autoestima.

Decir la verdad es una cosa, soltar un _"verdadazo"_ otra muy diferente.

En la dinámica cambiante de la actualidad, se requiere de respuestas rápidas y efectivas; es por ello por lo que con más frecuencia nos encontramos entornos laborales con tendencia hacia este extremo.

Algunos jefes, en su afán de lograr los objetivos, cada vez más retadores; adoptan actitudes y conductas agresivas que afectan no solo el ambiente laboral, sino que impactan negativamente el desempeño de las personas. Las consecuencias son: falta de lealtad y compromiso de parte de los miembros de la organización y una creciente incapacidad de alcanzar los resultados y satisfacer los requerimientos de los clientes.

Los ojos de mi coachee estaban rojos, irritados; era evidente que había tenido alguna situación emocional intensa. Me recibió con cordialidad y profesionalismo, seguramente no había tenido tiempo de avisarme que habría sido mejor posponer la sesión.

Como es mi costumbre pregunté "¿Cómo estás?", él sabía que un simple "bien" no sería suficiente y tendría que contestar a la siguiente pregunta "¿Qué significa bien?"; así que decidió ser honesto conmigo, con él y con el proceso de Coaching.

-Acabo de tener una junta muy difícil con mi jefe- Expresó de golpe, casi expulsando cada palabra. - Cada vez es más difícil comunicarnos con él. No nos deja hablar ni presentar las causas de un problema. Nos exige resultados, más no nos apoya con los recursos que requerimos para que las cosas funcionen. – Sus ojos brillaban y pude notar la tensión de su mandíbula, así como sus manos tensas estrujando una pluma que resistía romperse.

-No sé cuánto tiempo más voy a soportar que nos trate de esa forma. La verdad no nos lo merecemos-.

Sondee un poco el fondo de la situación y se trataba de una máquina que había fallado poniendo en riesgo el cumplimiento de la meta mensual. Mi coachee y su contraparte de producción habían sido llamados a rendirle cuentas a su jefe en común, quien no les dio oportunidad de plantear la situación, alternativas ni tiempos de reparación. Los recibió con expresiones que los descalificaban y alternaba sus ataques con anécdotas de sus triunfos que lo habían llevado a la posición que tenía.

-Al final nos dijo que si nosotros no podíamos resolver ese problema que le habláramos para que nos dijera cómo. – culminó su relato como si hubiera descargado él solo una tonelada de material.

-Pues le hubieran hablado. – Le dije buscando liberar la presión y aligerar el momento. Se me quedó mirando, poco a poco se relajó y dijo ya en tono de broma: - Pues sí, hubiéramos aprovechado ¿verdad?

La sesión la enfocamos en cómo mantener el equilibrio y la asertividad ante personas agresivas e intolerantes. Fue una buena sesión y mi coachee generó estrategias para manejar una situación parecida en el futuro… seguramente las ha puesto en práctica con un jefe así.

El equilibrio entre la compasión y la intolerancia:
Asertividad.

Estoy convencido que este es uno de los **Equilibrios de Excelencia** que un **Líder de líderes** debe desarrollar de manera prioritaria.

Stephen Covey en su libro "Los 7 hábitos de la gente altamente efectiva"[36], expresa de manera contundente el paradigma "Yo gano, Tú ganas" que aplica en este **Equilibrio de Excelencia**:

"El de ganar/ganar es una estructura de la mente y el corazón que constantemente procura el beneficio mutuo en todas las interacciones humanas. Ganar/ganar significa que los acuerdos o soluciones son mutuamente benéficos, mutuamente satisfactorios. Con una solución de ganar/ganar todas las partes se sienten bien por la decisión que se tome, y se comprometen con el plan de acción. Ganar/ganar ve la vida como un escenario cooperativo, no competitivo. La mayoría de las personas tiende a pensar en términos de dicotomías: fuerte o débil, rudo o suave, ganar o perder. Pero este tipo de pensamiento es fundamentalmente defectuoso. Se basa en el poder y la posición, y no en principios. Ganar/ganar, en cambio, se basa en el paradigma de que hay mucho para todos, de que el éxito de una

---

[36] Covey, Stephen. Los 7 hábitos de la gente altamente efectiva. Paidós. 1989

persona no se logra a expensas o excluyendo el éxito de los otros.

Ganar/ganar se basa en la creencia de que existe una tercera alternativa. No se trata de tu éxito o el mío, sino de un éxito mejor de un camino superior".

Covey lo llevó al nivel máximo al plantear el paradigma "Ganar/ganar o no hay trato":

"No hay trato significa que, si no podemos encontrar una solución que beneficie a ambas partes, coincidiremos en disentir de común acuerdo: no hay trato.

"Cuando se tiene presente la opción del «no hay trato», se puede decir con honestidad: «Solamente me interesa un acuerdo ganar/ganar. Quiero ganar y quiero que usted gane. No pretendo hacer mi voluntad si a usted le molesta, porque finalmente ello saldrá a la superficie más adelante y provocará una retirada. Por una parte, tampoco creo que usted vaya a sentirse bien si hace su voluntad y yo cedo. Trabajemos para conseguir un acuerdo del tipo ganar/ganar. Tratemos realmente de forzarlo. Pero si no podemos, pongámonos de acuerdo en que no habrá trato. Será preferible eso que sobrellevar una decisión que no resulte adecuada para los dos. Tal vez en otra oportunidad podamos ponernos de acuerdo»"[37].

---

[37] Ibid

El mundo cambia de manera vertiginosa y las personas también, aunque no al ritmo que las organizaciones desean. Se requiere de líderes que entiendan esta dinámica, que sean empáticos sin caer en la hipersensibilidad; y que sean capaces de exigir un alto desempeño sin caer en la agresividad.

Se requiere de líderes que respeten y entiendan a sus propios jefes, a sus colegas, a sus colaboradores, a sus proveedores y a sus clientes; a pesar de las diferencias de percepción, costumbres y creencias que tengan con relación a ellos.

Líderes que defiendan sus derechos, los de su organización, y que sean capaces de defender, al mismo tiempo, los derechos de los demás. Lo anterior no será fácil ni cómodo, implicará riesgos y consecuencias.

Líderes que se preocupen por las personas, por las comunidades en las que interactúan, que establezcan acciones altruistas de apoyo a los más desvalidos, pero que, al hacerlo no pongan en riesgo su salud ni a su organización. Solo de esta forma es posible seguir ayudando en el mediano y el largo plazo.

Líderes que sean firmes en la exigencia de la calidad y el cumplimiento, no solo en los aspectos técnicos o duros del trabajo, sino en la vivencia de valores y los comportamientos que sumen y contribuyan a la convivencia armoniosa y productiva.

Líderes que se comprometan con la colaboración y busquen resultados que beneficien a todos los involucrados en los procesos, tareas y resultados; solo así alcanzarán la excelencia.

El director de manufactura se destacaba por su capacidad de conectar con todas las personas, aún en situaciones y condiciones de extrema urgencia y gravedad. Tenía poco tiempo en la organización, más ya había logrado una alineación y sinergia en la organización que se reflejaba en los mejores resultados que la empresa había tenido desde su creación.

Su promoción a director general fue una sorpresa para algunos, ya que se trataba del primer director general nativo a nivel global con menos de 3 años en la compañía. Para la gran mayoría fue motivo de orgullo y un reconocimiento por su capacidad de liderazgo y enfoque en resultados. Era un líder inspirador y nos sentíamos orgullosos de que fuera nuestro director general.

Si bien había sido testigo de su capacidad asertiva en diferentes momentos en los que había coincidido con él; la manera en que manejó una de sus primeras interacciones con el consejo mundial de líderes de la compañía, la considero un ejemplo clave para este equilibrio de excelencia.

Una vez al año los directores generales de las plantas de manufactura y las unidades de negocio, los presidentes y vicepresidentes de la compañía a nivel mundial, se reunían en un evento denominado "El

Consejo de Líderes". Se trataba de un evento de integración, reconocimiento y alineación estratégica en el que solamente participaban las y los líderes de la cumbre de la pirámide organizacional. Estar en un evento de esa magnitud era un honor y una oportunidad profesional sin precedentes para nuestro recién nombrado director general.

Desafortunadamente el Consejo de Líderes coincidía con un evento personal, al que no había faltado desde que su primogénito había nacido y que constituía una promesa a la que en más de veinte años no había roto.

Las fechas no eran negociables. Estar en el consejo de Líderes era una obligación profesional y no asistir implicaba una falta que, seguramente sería mal vista por sus jefes y colegas a nivel global, en especial con tan poco tiempo en la posición y ser un referente de las decisiones estratégicas de la corporación. Por la otra parte estaba su compromiso personal con su familia y con la fe que profesaba.

De hecho, la familia ya le había dado su comprensión de que sería la primera vez que él no estuviera en el evento. Algo que para él no era opción - "Sólo se requiere fallar una vez, para que las siguientes se justifiquen y multipliquen, no seré yo el primero".

El director general revisó las agendas y tiempos de cada evento, la logística de vuelos, ya que su compromiso personal se llevaría a cabo en Guadalajara Jalisco, México; mientras que el Consejo de Líderes se realizaría en Nueva York, Estados Unidos.

Habló con su jefe y con el jefe de su jefe, les explicó la situación y lo que significaba para su familia, y sobre todo para él, honrar su palabra. Les planteó la mejor solución que hasta ese momento había podido encontrar; implicaba viajar a Nueva York para estar los primeros dos días en el Consejo de Líderes, viajar de regreso a Guadalajara por la noche, participar en su evento personal, viajar a mediodía de vuelta a Nueva York y estar a tiempo para la cena de gala, en donde él tendría una participación y estar al día siguiente en las actividades de cierre. Los gastos generados por estos vuelos serían cubiertos por él mismo, por supuesto.

Puede parecer algo simple, más para quienes han experimentado la logística de vuelos internacionales, comprenderán la implicación en tiempo, movimiento y riesgos de que algo no salga como lo esperas.

Tanto su jefe, como el presidente de la compañía, quedaron sorprendidos por su convicción, su compromiso, su búsqueda de alternativas. Ambos se lo reconocieron y lo recompensaron cubriendo la compañía los costos de la odisea, siempre y cuando todo saliera como él director había planeado.

Y así sucedió.

Fue una experiencia que generó un nivel de responsabilidad más alto para todos quienes estuvimos involucrados o enterados de lo que había implicado.

- *Por el lado de la familia la importancia de cumplir los compromisos y honrar la palabra sin importar el esfuerzo, gasto o incomodidad.*

- *Por el lado de la empresa, el respetar y cumplir las obligaciones de relación y de ejecución, de trabajo y familiares; y que para hacerlo habrá ocasiones que se deba hacer un gran esfuerzo, plantear alternativas y ofrecer soluciones. Comprender que, si es vital para un miembro clave de la organización, es vital para todos y es crucial honrarla.*

- *Para el director general fue una muestra de la empatía y respaldo de sus jefes y se fortaleció su seguridad de estar en la empresa correcta.*

Su nivel de propiedad y compromiso fueron fuente de inspiración para todos quienes tuvimos la fortuna de trabajar a su lado.

La/el Líder que domine el **equilibrio de la asertividad**, evitando caer en los extremos de la compasión y de la intolerancia, no solo habrá alcanzado un nivel de excelencia personal, sino que podrá desarrollar relaciones personales y profesionales duraderas, productivas y significativas.

Será capaz de entender las necesidades de los demás y ser firme al exigir el cumplimiento de los estándares de desempeño de la gente a su cargo, respetándose a sí mismo y a los demás.

Como mencioné en el _Equilibrio de la Comunicación Efectiva_; **La comunicación es el Proceso de procesos**; la asertividad es clave para la efectividad de la comunicación.

Comunicarse bien, en las buenas (cuando todo está bien) y en las malas (cuando hay presión, frustración, enojo, etcétera), requiere de la asertividad.

La/el líder que domine el **equilibrio de la asertividad**, será una inspiración para otros líderes.

Preguntas de aplicación personal

¿Hacia qué extremo tiendes a moverte?

|_____|_____|_____|

Compasión   Intolerancia

Ahora que conoces este modelo ¿qué puedes hacer diferente?

¿Con que frecuencia aplicas el paradigma Ganar-Ganar?

¿Puedes ser empático sin caer en la hipersensibilidad?

¿Cómo calificarías (1 al 10) tu Asertividad?

¿Qué tendrías que hacer para aplicar el paradigma *Ganar/ganar o no hay trato*?

¿Cuáles serían las consecuencias positivas o negativas, si las hay?

¿Qué tan bien aplicas el concepto **suave con la persona, firme con la conducta**, en especial cuando te encuentras molesto y enfrentando las consecuencias de la falla de tu colaborador?

¿Eres capaz de mantener la asertividad cuando estás molesto, o cuando uno de tus colaboradores cometió un error?

¿Puedes evitar soltar *verdadazos*?

REALISMO POSITIVO. El equilibrio entre Optimismo y Negatividad

Jim Collins, en su libro "Empresas que sobresalen" relata su interés en conocer personalmente al almirante James Stockdale, quien fue el prisionero estadounidense de mayor rango de la guerra del Vietnam. A Stockdale lo mantuvieron cautivo en el "Hanoi Hilton" y lo torturaron repetidamente durante casi 7 años.

Collins le pregunta a Stockdale qué tipo de personas fueron las que no pudieron sobrevivir en tan terribles circunstancias; a lo que el almirante contestó rápidamente *"¡Oh! Es fácil. Fueron los optimistas"*.

Según Stockdale fueron los prisioneros más optimistas los que no sobrevivieron al cautiverio. Los que no paraban de repetir: *"tranquilos, saldremos de aquí, ánimo, en Navidad ya estaremos en casa."* Entonces llegaban las Navidades y la previsión no se cumplía. Pero entonces su previsión saltaba a otra fecha. Tampoco se cumplía. Y llegaban otras Navidades. Y entonces el prisionero, el *"Señor Positivo"*, se rendía porque descubría que sus previsiones se incumplían sistemáticamente[38].

---

[38] Collins, Jim "Empresas que sobresalen". Editorial Norma 2007

La **paradoja de Stockdale** pone de manifiesto que es tan importante tener fe en sobrevivir, como saber acatar con disciplina los hechos más brutales que se avecinen. De lo contrario, **demasiado optimismo** puede favorecer que nos decepcionemos con frecuencia, entrando en una especie de montaña rusa emocional, de subidas y bajadas demasiado abruptas, levantando esperanzas y asistiendo a su desplome, una y otra vez, hasta que se apaga la última brasa de optimismo.

Cada día aumentan los mensajes en las redes sociales acerca de lo importante de ser optimista ante cualquier situación, condición o problema que enfrentamos en la vida; con ello, tu condición, tu problema, hasta tu enfermedad mejorará positivamente.

Ser positivo es bueno, yo mismo, soy un convencido de que *"la actitud positiva es una decisión, no una condición"*.

Sin embargo, estamos cayendo en una vorágine simplista y, debo decirlo, irracional; acerca del supuesto "poder del pensamiento positivo". Las personas, al menos una inmensa mayoría, verdaderamente creen que, con desearlo, las cosas van a ser mejores; dejando de lado las acciones, esfuerzos, incluso la responsabilidad; para contribuir a la mejora que esperan.

Peor aún, cuando las cosas no resultan como lo deseaban, su actitud y entusiasmo dan un giro de 180 grados y caen en la depresión y pesimismo exacerbado; provocando, sin quererlo, aquello que tanto temían y deseaban que no sucediera.

El optimismo es la creencia de que tenemos los medios para solventar nuestros problemas sean los que sean[39]. Por el lado contrario, el pesimismo o la negatividad es la creencia de que no tenemos los medios para resolver estas dificultades.

La persona optimista piensa que las cosas van a salir bien, lo que hace que lo intente con ánimo, en tanto la persona pesimista piensa que las cosas saldrán mal haga lo que haga, por lo que a fin de cuentas no merece la pena esforzarse.

Es importante ver que, tanto el optimismo como la negatividad, son creencias; esto es, no corresponden tanto a los hechos como a la manera en la que nos enfrentamos a tales hechos.

No es, por tanto, automático que los optimistas sean personas a las que les haya ido bien en la vida y los pesimistas, al contrario. Hay personas con un optimismo a prueba de balas, en tanto otras se deprimen a la primera dificultad.

Una de las diferencias fundamentales es que las personas optimistas y las pesimistas tienen distintas formas de enfrentarse al fracaso. Cuando a un optimista las cosas le salen mal piensa que es porque se ha equivocado en algo, de modo que lo único que tiene que hacer es

---

[39] ¿Qué es el optimismo exagerado? https://acortar.link/CRBLuF

detectarlo y seguir adelante; así nunca pierde la esperanza. Cuando a un pesimista las cosas le salen mal no piensa que sea un error, sino que se debe a algo que es incapaz de modificar, como una característica personal, lo que disminuye sus ganas de volver a intentarlo.

La nueva realidad generada por la pandemia de COVID-19 ha provocado una polarización cada día más intensa entre estos extremos de optimismo y negatividad. El contexto generado ha potenciado las creencias de unos y de otros, provocando conductas radicales y que ponen en riesgo la salud mental de las personas y afectando con ello las relaciones y los resultados de las organizaciones.

¿Qué pasa cuando se cae en un **extremo de demasiado optimismo**?

Barbara Ehrenreich[40], autora de "Sonríe o muere. La trampa del pensamiento positivo", establece que:

> *"El optimismo, es ahora una obligación. Se insiste en que la gente no se queje, no proteste o no ponga trabas; importa no tanto cambiar la realidad, sino nuestra actitud hacia ella, y si piensas positivamente, todo se convierte en positivo. Esto tiene varios problemas:*
>
> *1. "En primer lugar, **no es realista**. Tener una visión infundadamente optimista de las cosas*

---

[40] Ehrenreich, Barbara. Sonríe o muere. La trampa del pensamiento positivo. Editorial Turner 2012.

puede llevar a la gente a cometer errores tremendos. Llamar la atención sobre las cosas que van mal puede convertir a alguien en "aguafiestas", pero avisar de lo que puede salir mal también es prudente. Cualquier persona adulta sabe que la vida no te va a conceder siempre lo que deseas, y que tendremos que lidiar con la frustración de tanto en cuanto.

2. *"En segundo lugar, es injusto. Cuando alguien tiene un problema real, es irrespetuoso decirles que la solución está en cambiar su manera de pensar. Y es injusto criticar a la gente que está triste o enfadada calificando estas emociones como negativas, pues en algunos casos estas emociones tienen perfecto sentido y las personas tienen perfecto derecho a sentirlas.*

3. *"En tercer lugar, es ideológico. El pensamiento positivo insiste en decirle a la gente que sus problemas (pobreza, desempleo, etc.) tienen solución si cambian de actitud, y que eso y solo eso es lo que tienen que cambiar. Esto les convierte en responsables de su felicidad y les distrae de plantear una solución política, es decir, juntarse con otras personas para plantear una realidad diferente. Esto es por ejemplo lo que se hace cuando en una situación de despidos e inseguridad laboral se repite el mantra "una crisis es una oportunidad", para que la gente se conforme y no pregunte cuáles son los causantes y los beneficiarios de esa crisis. Es evidente que no es lo mismo un mundo donde se le dice a la gente que se puede hacer rica si quiere, que un mundo donde la gente se plantee por qué no*

puede salir de pobre. El pensamiento positivo es de este modo una forma de control social".

Realismo Positivo

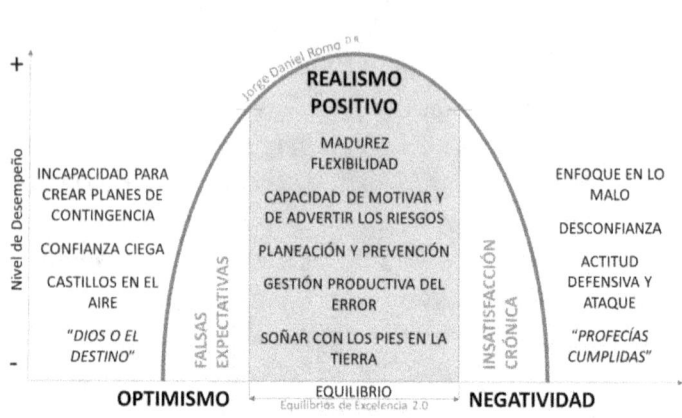

El optimismo exagerado es peligroso, te hace construir "castillos en el aire", generar una confianza ciega en que las cosas o situaciones serán favorables para ti y, como consecuencia, no prevés alternativas o defines planes para enfrentar las posibles contingencias que se presenten.

La gente que vive en este extremo se deja llevar dócilmente por lo que consideran es su destino o que su creador les ha puesto en ese camino.

Una buena amiga me llamó entusiasmada y feliz de que por fin se llevaría a cabo su trasplante de riñón. La noticia por muchos años esperada me llenó de emoción; más, acostumbrado a las preguntas y profundizar en lo que al otro le acontece, la abrumé con preguntas como: ¿Quién será tu donador? ¿Por qué no lo habían decidido antes si estaba tan cerca?

¿Qué cambió? ¿Es seguro? ¿ya se hicieron todas las pruebas de compatibilidad?

Ella hasta me hizo un cariñoso reclamo por mis preguntas y me dijo -Amigo, alégrate por mí, por fin voy a tener una mejora, ya casi paso más días en el hospital que en mi casa-.

Tenía razón, seguramente todo estaba cuidado y revisado mil veces para asegurar el éxito de su trasplante.

En los días siguientes hubo mensajes optimistas, expresiones de extrema alegría. Hasta se hizo un video especial ya que el cirujano especialista cumplía un número significativo de trasplantes exitosos. Era una fiesta y, debo reconocer, que me contagiaron de su extremo optimismo.

Nada salió como se esperaba. Su cuerpo rechazó el riñón donado con tanto amor, esperanza y... optimismo.

Después de casi un año en que mi amiga perdió su identidad y la conciencia de quienes la rodeaban, Ella falleció.

Así era Ella, una gran optimista, llena de fe que nos contagiaba a todos. El mundo perdió a un hermoso ser humano, una gran esposa, cariñosa madre e inolvidable amiga.

El extremo de la Negatividad

Este extremo es más obvio. Las personas que viven en este extremo se especializan en encontrar lo malo en todo lo que sucede, todas las cosas y en toda la gente con la que interactúan.

Su enfoque en lo negativo les hace asumir una actitud pesimista y normalmente están a la defensiva en su interacción con las personas.

Es común que para "defenderse" ataquen a los demás de manera verbal o con actitudes que se fundamentan en su falta de confianza en los demás.

Las personas en este extremo podrían caer en la categoría de *personas tóxicas,* aunque Bernardo Samateas, autor del libro "*Gente Tóxica*" no menciona este estilo en su libro, tal vez podría ser una combinación de los que él denomina *neuróticos*, con toques de *quejoso*[41].

Un aspecto que presentan las personas en este extremo es que nada es suficientemente bueno, siempre encuentran algún aspecto negativo que "mancha" todo en cuanto ponen su atención.

Su negatividad se ve alimentada por dichos como "*piensa mal y acertarás*"; por lo que cuando se presenta

---

[41] Samateas, Bernardo. Gente Tóxica. Ediciones B. 2011

el aspecto negativo que ellos "vaticinaron" comprueban que tenían la razón y refuerzan su pensamiento negativo.

El robo de la mercancía nos sorprendió a todos, menos al director de la empresa.

-Ya sabía yo que no era posible tanta "belleza". Claro que nos iban a robar, por eso nos ofrecieron un precio tan bajo.

El gerente de logística había decidido enviar un embarque con un nuevo proveedor de transporte. Se habían acercado y presentado documentos suficientes para acreditarlos. Nunca había escuchado de ellos más se veía una empresa formal.

Antes de elegirlos le preguntó al director su opinión y la respuesta fue simple "Lo que baje nuestros costos es bueno". El gerente decidió aprovechar que el proveedor tenía un camión disponible en la zona para responder una urgencia de otro cliente. De esa forma, cumpliría con el cliente y con la consigna de su jefe de reducir el costo por transporte.

El producto nunca llegó a su destino. El proveedor resultó ser un fraude y la aseguradora no lo clasificó como robo, sino como "abuso de confianza" y la póliza no lo cubriría.

En los meses siguientes el director aprovechaba cada oportunidad para recalcar el hecho de que no se podía confiar en nadie. El gerente extremó sus precauciones y se volvió no solo cauteloso, sino extremadamente desconfiado.

Los controles se incrementaron y las personas de almacén se quejaban de que eran tratados como ladrones. Un par de proveedores decidieron dejar de trabajar con la empresa por su trato y extrema desconfianza.

El director reforzaba cada día su creencia negativa y logró que el gerente de logística la desarrollara y, en cierta medida, la magnificara.

Es una empresa compleja con la que es difícil trabajar. La rotación de personal es alta y la desconfianza es parte de su cultura organizacional.

Pensar en lo malo que puede pasar es una buena práctica de prevención y planeación de contingencias, permite anticiparte a los riesgos que de manera natural se podrían presentar en la realidad; sin embargo, permanecer en ese extremo, te impide disfrutar del proceso, la resolución y logro de un proyecto o actividad.

Edward de Bono en su libro *"Seis sombreros para pensar"* [42], utiliza el sombrero negro (pensamiento negativo), sin embargo, le da un enfoque constructivo, crítico con el fin de aportar aspectos de valor en los procesos de análisis de problemas y toma de decisiones. De hecho, si se usa el sombrero negro, debe equilibrase con el amarillo (pensamiento positivo).

---

[42] De Bono, Edward. Seis sombreros para pensar. Granica. 1988

El equilibrio entre el optimismo y la negatividad

Alcanzar este *Equilibrio de Excelencia*, proporciona a las y los líderes de una perspectiva completa de la realidad. Genera confianza en que las cosas funcionen, gracias a la prevención de aquello que puede presentarse y afectar el resultado.

Asume una actitud madura acerca de las personas y evita anticiparse y crear prejuicios acerca de ellas; es consciente que todos los seres humanos tenemos altas y bajas, vicios y virtudes; es flexible ante los diferentes comportamientos, asegurando que las relaciones sean positivas y los resultados se cumplan.

Cuando se presentan situaciones de falla o de error humano, no adopta una actitud paternalista que perdona todo al asumir que *"esas cosas pasan y no hay nada que se pueda hacer"*; pero tampoco genera una catástrofe mayor aludiendo que lo *"había previsto"* y lastimando las relaciones con las personas enarbolando los *"hubieras"* que no abonan a las acciones correctivas cuando se presenta un incidente.

Se enfoca en la realidad, posibilidades y restricciones del suceso y genera acciones que permiten, tanto la corrección, como la prevención y aprendizaje en situaciones similares futuras.

Al analizar los problemas y tomar decisiones, la/el líder será capaz de colocarse los "sombreros para pensar" sin que el negro o el amarillo se queden *"atascados en su cabeza"* y le impidan tener la perspectiva completa de la realidad, sus causas, recursos, restricciones y consecuencias.

La/El líder de líderes que aplica el equilibrio del realismo positivo, sabe que el pasado no se puede cambiar y que las acciones de hoy son las bases de un mejor mañana. Asume el liderazgo personal y hace que su mente, su cerebro, se enfoque en las posibilidades, con realismo elabora alternativas para superar los obstáculos y las restricciones que enfrenta. Es capaz de generar una visión realista y positiva del futuro aún en las condiciones más difíciles.

Sus colaboradores aceptan dicha visión no como un castillo en el aire, sino como un proyecto posible que, con la guía de su líder y las contribuciones propias y las de sus compañeros, haciendo lo que se tiene que hacer, previendo los riesgos y actuando en consecuencia cuando algo sale mal.

El realismo positivo es uno de los factores de la resiliencia, es decir el proceso de salir adelante en entornos, situaciones y condiciones adversos, catástrofes o tragedias[43].

---

[43] Entre los factores asociados a la resiliencia se encuentran:
- La capacidad para hacer planes **realistas** y seguir los pasos necesarios para llevarlos a cabo.

En la nueva realidad este equilibrio permite a la/el líder de líderes manejar la incertidumbre, enfocándose en lo posible con base en lo que está en su área de control y recursos; previene los riesgos y amenazas generando acciones de contingencia, no como una protección, sino como una alternativa de acción.

Ante las nuevas circunstancias y condiciones la/el líder de líderes se enfoca en las "pequeñas certezas", así como también promueve y refuerza los comportamientos clave para generar un entorno de productividad, armonía y efectividad.

La pandemia por COVID-19 nos sorprendió a todos.

La reacción de los gobiernos fue el paro total de las actividades no esenciales, solo aquellas relacionadas con la salud se mantuvieron en operación. Las restricciones de contacto y uso de protecciones respiratorias generaron nuevos hábitos.

- Una visión **positiva** de sí mismos, y confianza en sus fortalezas y habilidades.
- Destrezas en la comunicación y en la solución de problemas.
- La capacidad para manejar sentimientos e impulsos fuertes.

Todos estos son factores que las personas pueden desarrollar por sí mismas.

Fuente: Camino a la resiliencia (APA.org)
https://acortar.link/0q0qnN

Ser realistas y positivos fue la clave para salir delante de las nuevas condiciones de aislamiento y falta de actividades productivas.

Reconocer los recursos y lo que sí era posible utilizar, como la tecnología de comunicación a distancia, abrieron nuevas oportunidades de generación de ingresos.

Aceptar que siempre hay posibilidad de que las cosas empeoren como pérdidas materiales, la muerte de personas cercanas, hasta el estallido de una guerra, nos hacen estar alertas y dispuestos a corregir el rumbo con madurez y flexibilidad.

Enfocarnos en las posibilidades con los pies puestos en la tierra, asumiendo los errores, aprendiendo y haciendo lo necesario para salir adelante con dignidad, profesionalismo, productividad y efectividad, han sido fundamentales para enfrentar esta nueva realidad que llegó para quedarse.

El mundo cambió y sigue cambiando. Estar en equilibrio es fundamental para avanzar, crecer y alcanzar el máximo nivel de desempeño...para alcanzar la excelencia.

Preguntas de aplicación personal

¿Hacia qué extremo tiendes a moverte?

|_____|_____|_____|
Optimismo   Negatividad

Ahora que conoces este modelo ¿qué puedes hacer diferente?

¿Cómo calificarías (1 al 10) tu flexibilidad?

Cuándo piensas en hacer algo ¿construyes castillos en el aire, es decir sueños poco realistas, o te planteas proyectos que puedes llevar a cabo?

¿Evalúas los riesgos en las decisiones que tomas?

¿Qué tan efectivo es tu proceso de planeación?

¿Te gusta ver el lado negativo de las cosas? Si tu respuesta es sí ¿Puedes ver también su lado positivo?

¿Cómo logras un balance productivo?

Cuando uno de tus colaboradores comete un error ¿cómo reaccionas?

¿Cómo te recuperas de las situaciones y condiciones adversas?

HUMILDAD. El equilibrio entre Servilismo y Soberbia

"Estamos sorprendidos de que la humildad se encuentre tan devaluada entre los que cargan sobre sí las instituciones de mayor rango en la sociedad contemporánea. Sin embargo, nuestra tesis es que el liderazgo se asienta con firmeza en la humildad, la participación, el desarrollo de las personas y la confianza". Carlos Llano Cifuentes[44].

En marzo de 2013 la iglesia católica eligió un nuevo líder: el Papa Francisco. La elección de su nombre, su mensaje inicial, así como las primeras acciones de su papado, gritaron al mundo un elemento poderoso del liderazgo: la *humildad*.

Jefrey A. Krames en su libro "Liderar con humildad" escribe al respecto:

*"Él (Papa Francisco) cree que la auténtica humildad confiere poder a los líderes como ninguna otra cualidad de liderazgo. "**Si podemos desarrollar una actitud verdaderamente humilde, podemos cambiar el mundo**", escribió Bergoglio antes de convertirse en Papa. Y aprovecha todas las ocasiones de demostrar que nunca se puede ser demasiado humilde, y que se puede aprender a ser más humilde.*

---

[44] Llano Cifuentes, Carlos. Humildad y Liderazgo. Ediciones Ruz. 2004

Al hacer esto, ha alterado los estándares con los que medimos a nuestros líderes. "[45]

La humildad es tal vez el *Equilibrio de Excelencia* que más problema de aceptación provoca a los líderes tradicionales.

La satisfacción que generan los logros, la posición jerárquica y la obtención de grandes satisfactores económicos, son deliciosos manjares para el ego.

Las y los líderes que han forjado su camino a fuerza de "*sangre, sudor y lágrimas*" tienden a maximizar tanto su potencial como sus logros. Valorar lo que se ha construido es importante, el problema consiste en "*perder piso*", "*marearse*" a medida que se sube en la estructura organizacional.

Mientras más joven es el ejecutivo exitoso, más fácilmente pierde la perspectiva y genera la actitud protagónica y soberbia que aleja al líder del equilibrio que le permitiría ser consciente sin exageraciones de sí mismo.

El extremo de la soberbia.

La línea entre el equilibrio que genera la humildad y la separa de la soberbia, puede encontrarse en un sitio

---

[45] Krames, Jefrey A. Liderar con humildad. 12 lecciones de liderazgo del Papa Francisco. V&R Editoras. 2014

diferente para la/el líder y en otro para las personas a su alrededor. Para una persona puede ser positivo hablar de sus logros como ejemplos de su desempeño, tenacidad y enfoque en resultados; más para quienes escuchan puede ser un acto de soberbia y presunción. Si de alguna forma, llega a tener un atisbo de que se está comportando de manera soberbia, lo minimiza argumentando que se lo ha ganado con mucho sacrificio (recorre la línea y lo considera un acto de humildad).

Humildad

Para muchas personas ser protagonista es sinónimo de adueñarse, de asumir la responsabilidad, es decir de liderazgo[46]. En el caso de nuestro modelo de equilibrio, entendemos que asumir el papel de protagonista en tu vida es fundamental para responsabilizarte de tus

---

[46] Kofman, Fredy. MetaManagement 1: Principios. Granica. 2002. La Empresa Consciente. Cómo construir valor a través de valores. Alfaguara. 2012.

decisiones y asumir un rol de líder. El exceso es lo que te aleja del equilibrio.

Cuando a una persona no le basta con ser el protagonista de su vida, sino que lucha por ser el protagonista de la vida de los demás. Cuando busca que el papel principal sea el suyo, tanto en su relación de pareja, en su organización, en su equipo de trabajo, dejando a los demás fuera de cámara en papeles secundarios. Eso es un acto de soberbia.

Estar en el extremo de la soberbia hace que la persona se centre en obtener el máximo beneficio personal, sin importarle el impacto o consecuencias para los demás.

No es capaz de aceptar ni de apreciar las contribuciones de quienes le rodean. De hecho, no las ve, su ego lo ciega. No las escucha, las porras de su ego se lo impiden. No las entiende, su ego lo distrae.

Cuando comete un error, no es capaz de reconocer su responsabilidad, su ego lo enfoca en encontrar elementos fuera de él para sentirse mejor y encontrar al "verdadero culpable".

El ego es, en sí mismo, la «parte central de la consciencia humana» encargada de dar el sentido de sí mismo. «Cuando el ego se manifiesta de forma constante y persistente, se considera que está exacerbado y traspasa la frontera de lo lógico y aceptable para vivir en convivencia con los demás[47]. En nuestro modelo, ese ego exacerbado es el EGO DESTRUCTIVO.

El ego destructivo es como una droga que provoca una visión diferente de la realidad. Las personas en este extremo se sienten bien. ¿para qué modificar su comportamiento si es tan gratificante estar ahí?

Modelo de la Humildad y su relación con el ego

Para aquellas personas que están en el extremo de la soberbia, es común que sufran el efecto *Dunning-Kruger*, el cual provoca que sobrestimen sus propias habilidades, que sean incapaces de reconocer su insuficiencia y no puedan reconocer la habilidad en los

---

[47] Diez tipos de ego y cuál es el más peligroso https://acortar.link/kZwsLv

119

demás[48]. Dicho de otra forma: la soberbia les impide ser conscientes de su estupidez.

La soberbia mata la inteligencia[49].

En la práctica del Desarrollo Organizacional, una de las herramientas utilizadas es la evaluación 360 grados en la que la persona evaluada, normalmente en una posición de liderazgo, recibe retroalimentación de su desempeño en aspectos relacionados con su gestión, interacción y desempeño, por parte no solo de sus superiores (evaluación de desempeño) y no solo de la gente a su cargo (clima laboral), sino también de sus pares o colegas que forman parte de la cadena cliente-proveedor interna, incluso, en algunos casos se incluye en la evaluación a proveedores y clientes externos con los que la persona evaluada interactúa.

La evaluación de 360 grados es sumamente poderosa, cuando se complementa de un proceso de acompañamiento tipo coaching, para los casos de líderes que se encuentran en el extremo de la soberbia.

---

[48] Kruger y Dunning investigaron cierto número de estudios previos que tendían a sugerir que, en diversas habilidades como la comprensión lectora, conducción de vehículos de motor y juegos como el ajedrez o el tenis, «La ignorancia genera confianza más frecuentemente que el conocimiento».

[49] En el libro *IQ Empresarial. Liderazgo para la inteligencia y el aprendizaje organizacional* (Remus & Ku Editores 2022), encontrarás mi lista de comprobación para evaluar a un líder inteligente en el Capítulo 2: *Las empresas inteligentes, requieren líderes inteligentes.*

Cuando no hay un proceso de acompañamiento, salir del extremo de la soberbia, normalmente se da como resultado de un cambio disruptivo en la realidad de las personas. Una tragedia, una crisis es lo que hace que la droga del ego destructivo desaparezca y se puedan ver las cosas como verdaderamente son.

Otra forma de salir del extremo de la soberbia es la práctica de la conciencia plena y otras disciplinas para conectarse con la realidad del entorno y profundizar en el auto conocimiento[50].

El extremo del Servilismo.

Una confusión generalizada con respecto a la humildad es relacionarla con conductas sumisas, de inferioridad. Esto se debe al origen de la palabra humildad que viene del latín *humilitas*, que significa "pegado a la tierra".

Es por esta razón que, para el modelo de gestión del equilibrio de la humildad, y con el fin entenderla como el equilibrio que permite lograr el máximo nivel de desempeño, el extremo contrario a la soberbia es el **servilismo**.

El servilismo se entiende como la tendencia exagerada a servir o satisfacer ciegamente a una autoridad; también

---

[50] Las prácticas para desarrollar la conciencia plena van desde prácticas religiosas (como el budismo), el denominado Mindfulness, la Inteligencia Emocional y el coaching.

podrás encontrarlo como la sumisión ciega, adulación y sometimiento total a la autoridad de alguien.

Estas definiciones nos permiten ubicarlo como el extremo natural de la soberbia, ¿qué mejor complemento para un soberbio que alguien servil?

Las personas que se encuentran en este extremo se han olvidado de sí mismas, se han sometido por completo a costa de su salud a los caprichos u órdenes de aquella persona a la que sirven.

Son víctimas de su propia acción de servir. El servicio es una acción noble y de valor, que llevada al extremo se desvirtúa y cae en el terreno de esclavismo.

Seguramente la imagen provocada por el servilismo no la visualizas en este siglo 21; desafortunadamente existe y está vigente. Prácticas como la trata de personas y otras bajezas humanas se sostienen por conductas asociadas con este extremo.

Si bien el servilismo podría estar vinculado a la coerción y a la violencia; al chantaje, y al miedo a las consecuencias de librarse de tales condiciones; existen personas que se victimizan a sí mismas aceptando condiciones paupérrimas de trabajo, sin hacer el mínimo esfuerzo por superar la situación, ni en el mediano, ni en el largo plazo.

En este extremo se encuentran las personas que viven relaciones de abuso, en las que la dependencia total de quien ostenta el poder les hace permanecer como víctimas sin identidad, ni sueños y mucho menos la esperanza de un mejor futuro.

Salir de este terrible escenario requiere de una habilidad que cada día cobra más fuerza en el ambiente organizacional: La resiliencia; de la cual hemos hablado en el modelo de Realismo Positivo. Además del acompañamiento de profesionales como psicólogos y terapeutas.

El equilibrio entre el servilismo y la soberbia: Humildad.

Hemos visto cómo los extremos de este *Equilibrio de Excelencia* son terribles; en balance, el resultado que genera el estar en la zona de flexibilidad situacional es un estilo de liderazgo profundo y trascendente.

La/el líder humilde es un(a) líder de 5 estrellas; el servicio es una de sus cualidades principales. Se trata de un servicio que genera valor a las personas a su alrededor y a su organización.

Es un(a) líder que no teme reconocer su falta de conocimiento específico sobre un tema o actividad específica, es capaz de mostrarse vulnerable, sin que esto se desvirtúe a debilidad. Es capaz de aprender de sus errores y generar aprendizaje a partir de los errores de su equipo de colaboradores.

Se podría decir que es el verdadero líder 360° que ha logrado ir más allá de los mitos y los desafíos, y que ha dominado los principios que Maxwell[51] planteó como las claves para un liderazgo completo en y hacia todas las direcciones y dimensiones de la organización.

La humildad le permite trabajar en equipo sin importar el tipo de personas con las que interactúa. Se adapta con facilidad a cualquier estilo de comportamiento y contribuye sin condiciones a la armonía y a la convivencia respetuosa, positiva y productiva (a la que yo llamo *bienvivencia)* en el grupo.

Para la/el líder humilde su autoconocimiento y dominio de la Inteligencia Emocional es tal, que se encuentra a salvo de las agresiones o ataques que pudiera recibir en el ejercicio de su gestión, no los toma como una cuestión personal y, cuando se requiere, es capaz de dialogar para llegar acuerdos perdurables. De más está decir que el *equilibrio de la asertividad* le es natural.

No se victimiza ante la adversidad ni se vanagloria de sus éxitos

Su mentalidad de abundancia le permite disfrutar de sus logros y compartirlos de manera sincera y abierta.

---

[51] Maxwell, John C. Líder de 360°. Cómo desarrollar su influencia desde cualquier posición en su organización. Líder Latino 2005

Cuando comete errores, asume su responsabilidad, corrige y aprende para aplicar ese conocimiento en el futuro.

El *equilibrio de la humildad* es la clave para la/el *Líder de líderes*; su humildad le facilita compartir su experiencia, habilidades y conocimientos con todos aquellos que se lo solicitan y desean aprender y desarrollarse.

Las personas a su alrededor confían en ella/él, se sienten seguros, saben que serán escuchados, guiados y, si se requiere, corregidos con objetividad, sensibilidad y respeto, pues están seguros de que la retroalimentación que reciban es para su beneficio y surge con la mejor de las intenciones.

La/el *Líder de líderes* que domina el *equilibrio de la humildad* encuentra la armonía consigo mismo y con su entorno. Sabe que el *"mundo da muchas vueltas"* y que hoy puede estar arriba y mañana abajo.

Francisco era uno de los gerentes fundadores de la empresa y contaba con la confianza de los dueños por su lealtad durante más de 10 años. De complexión robusta y voz grave, definitivamente era un hombre que imponía su presencia.

Mi llegada a la empresa había sido repentina y ocasionada por la salida del director de Recursos Humanos; por lo que el director general me solicitó hacerme cargo de tal posición en tanto

125

encontrábamos a la persona que finalmente cubriera el puesto.

Con tal información Francisco no me llamaba por mi nombre, para él era el "interino". Me recibió en su oficina del centro de distribución y me hizo saber lo que requería de mi departamento y me repitió suficientes ocasiones su cercanía con los dueños, por lo que estar yo bien con él, era una ventaja que, "si yo era listo", sabría aprovechar.

De mi parte le enfaticé que mi objetivo era mantener y mejorar el servicio del departamento a toda la organización y que uno de los retos que enfrentaba era el fortalecimiento de la cultura con base en comportamientos que reforzaran los valores organizacionales. Me deseó buena suerte con eso y señaló a personas de mi equipo como malos ejemplos de la vivencia de valores.

Le pedí que me llamara por mi nombre y argumentó tener un serio problema de memoria con las personas nuevas, que iba a hacer lo posible; pero que, si me molestaba lo de interino, me diría solo "Inter" de cariño. Al salir de su oficina le estreché la mano, le miré a los ojos y le dije: -Daniel, mi nombre es Daniel. - ¡Ah! Sí. ¡Dany boy! A ver si así me acuerdo. – dijo soltando una larga carcajada que pude escuchar mientras me alejaba de su oficina.

Muy pronto me di cuenta de que Francisco era un líder autoritario y que más que un equipo de trabajo tenía una pandilla en el centro de distribución. Las historias que circulaban a su alrededor normalmente terminaban con la renuncia de aquellos que osaban oponerse a la forma en que él decidía hacer las cosas.

De más está decir que no gustábamos de coincidir en las reuniones, su actitud prepotente y soberbia, además del hecho de que no me llamara por mi nombre, dificultaba el diálogo y la generación de planes de acción de mejora, si algo a él no le parecía o él tenía una alternativa diferente, la mayoría de las veces más para conveniencia de él y su grupo, que en beneficio de la empresa.

Pasaron un par de meses y un lunes a mi llegada al centro de distribución, uno de los vigilantes, que eran parte del departamento de RH, me solicitó que le acompañara al centro de monitoreo para que viera una video grabación del viernes anterior.

En el video se observaba a un grupo de personas salir de la oficina de Francisco, formar un círculo y pasar a uno de ellos al centro. Acto seguido en grupos pequeños de tres o cuatro manoteaban sobre la cabeza de la persona al centro. – Están dando pamba[52] al nuevo, es su "bienvenida" – me dijo el vigilante.

La pamba duró unos minutos ante la mirada de Francisco quien, en determinado momento, se acercó a la persona en el centro, le tomó de la cabeza y le dio una patada en su trasero, empujándolo de

---

[52] Pamba en México refiere normalmente a una serie de golpes leves que se da a alguien con la palma de la mano en la cabeza.

manera que parecía que había sido una patada significativamente fuerte.

Solicité al vigilante su discreción y bajé el video a una USB portátil. Pedí hablar con la persona que había sido sujeta a ese trato de parte de Francisco y su pandilla de colaboradores; sin embargo, la persona no se había presentado a trabajar desde el sábado, es decir, después del día que recibió el maltrato no regresó a trabajar. Tenía apenas una semana de haber ingresado a la empresa.

Sabía que sería una situación que no debía dejar pasar y, al mismo tiempo, que debería hacerlo de manera estratégica y cuidada, dados los antecedentes de Francisco y la confianza que los dueños le prodigaban, si no lo manejaba de manera institucional y profesional; podía ser una bomba que me estallara en las manos.

Documenté el hecho y la consecuente salida del trabajador, al cual tuvimos que buscar en su domicilio para hacerle entrega de su finiquito a cambio de su testimonio. Era evidente que se trataba de una práctica respaldada por el gerente, por lo que era a él quien enfocaría la acción disciplinaria. A través de una persona de mi equipo de RH revisamos los antecedentes de las encuestas de clima laboral del área bajo la responsabilidad de Francisco, sus resultados eran buenos, de hecho, muy buenos. No había antecedentes que me sirvieran como evidencias. Había historias, anécdotas, podría decir que, hasta leyendas del trato agresivo de Francisco, más nada documentado.

El viernes de esa semana hablé con el director general, le mostré el Acta Administrativa con los hechos y el fundamento legal. Le mostré el video como evidencia. Se preocupó. – No podemos correr a Francisco. Es una pieza clave del equipo y para los dueños es casi parte de la familia. - Me dijo sin apartar la vista del acta. – No es mi intención correrlo. – le dije con calma y firmeza. – mi intención es que quede constancia que no es forma de tratar a los trabajadores y que a la empresa no se le olvide este hecho y mucho menos a él. Yo estoy seguro de que, con esa acta en su expediente, se la pensará dos veces volver a hacer algo así en el futuro -.

Así se hizo. Se llamó a Francisco a la oficina del director general, el mismo director expuso la situación y le dio la carta para que la firmara. Francisco resoplaba, vociferó, maldijo varias veces, me miraba con un profundo desprecio, firmó la carta y salió de la oficina, no sin antes expresar entre dientes – Nos vemos en el CEDIS Dany boy -.

Francisco no llegó al CEDIS, al parecer el disgusto y enorme enojo que experimentó, le detonó una lesión intestinal previa y requirió que fuera intervenido quirúrgicamente de manera urgente.

Estuve en contacto con su esposa y le ofrecí todo el apoyo que requiriera, le di mis datos y me puse a sus órdenes. Ella solo tenía preocupación por la póliza de seguro de gastos médicos, a lo que asigné a una persona del equipo de RH quien facilitó el trámite y no hubo mayor inconveniente.

Dos días después de su hospitalización visité a Francisco. Le había comprado el libro de ¡A la carga! o ¡Gung Ho![53] *Me recibió serio, más no había rencor en su mirada. – Supe que apoyaste a mi esposa con lo del seguro. Te lo agradezco. – Me dijo en un tono que me pareció sincero. Comentamos de su estado de salud y de quién se hacía cargo de su área mientras estaba incapacitado. Me volví a poner a sus órdenes y antes de despedirme le entregué el libro. – Eres un líder fuerte, puedes tener un gran equipo, ojalá te guste -.*

Pasaron un par de semanas y me enfoqué en los pendientes de mi función directiva. Supe que Francisco había aprovechado para tomar unos días de la gran cantidad de vacaciones que tenía acumuladas, pero que se mantenía en comunicación con la gente de su área y las cosas estaban funcionando bien.

Un lunes temprano estaba apenas acomodando mis cosas en la oficina para empezar la jornada, cuando una voz grave y fuerte me sobresaltó – ¡Buenos días, Daniel! ¡Vamos a Trabajar! ¡Gung Ho!

Francisco se había transformado, seguía siendo apasionado y determinante, más era evidente que su ego ya no lo cegaba; escuchaba más y mostró más apertura a las ideas diferentes a las suyas. Su trato hacia mí fue totalmente profesional y con respeto aún en un par de diferencias que enfrentamos. Cuando me

---

[53] Blanchard K. ¡A la Carga! (Gung Ho!) Cómo aprovechar al máximo el potencial de las personas de su empresa. Grupo Editorial Norma

retiré de la empresa, dejando al nuevo director de RH posicionado, se despidió de mi con un "¡Te voy a extrañar cabrón!".

Alcanzar la excelencia en este *equilibrio de la humildad*, es probablemente el mayor reto del paradigma del *liderazgo en equilibrio*.

Preguntas de aplicación personal

¿Hacia qué extremo tiendes a moverte?

|_____|_____|_____|

Servilismo   Soberbia

Ahora que conoces este modelo ¿qué puedes hacer diferente?

¿Te consideras un ejemplo en el servicio a los demás?

¿De qué manera gestionas tus éxitos?

¿Cómo calificarías (1 al 10) tu Humildad?

¿Has vivido un proceso de evaluación 360 grados?

¿Cómo aseguras un entorno de trabajo en equipo y en armonía con tu equipo de trabajo y en la organización?

¿Te consideras un formador de líderes? Si es así ¿cuántos líderes te reconocen como su mentor?

INTELIGENCIA EMOCIONAL. El equilibrio entre Apatía y Pasión

El mundo enfrenta una crisis permanente, las personas buscamos la manera de enfrentar el día a día que, las más de las veces, nos agobia con tareas, decisiones y momentos que no son de nuestro total agrado.

Vivimos en medio de una tormenta constante con muy pocos momentos de paz. Las relaciones e interacciones con las personas a nuestro alrededor generan constantes altas y bajas emocionales.

Por momentos nos emocionamos de manera tal que podemos con todo aquello que se nos presente, sentimos que nuestras acciones harán la diferencia. La pasión nos embarga estamos listos para luchar solos contra el mundo.

En otros momentos, tal vez muy pocos de manera natural y, probablemente, muchos de manera intencionada, nos protegemos y nos liberamos de las emociones, dejamos que el mundo ruede y nos sentamos a la orilla del camino. La apatía se hace presente y las cosas dejan de importarnos hasta que ya no sea posible y una nueva tormenta nos alcance.

Lograr el equilibrio entre la Apatía y la Pasión, permite alcanzar la estabilidad emocional que se requiere para enfrentar los vaivenes de la vida familiar y laboral. Les da la justa dimensión a las cosas, sin que se menosprecien o maximicen los aspectos, comportamientos y acciones de cada evento. Se podría decir que éste es el *"Equilibrio de Equilibrios"*.

Inteligencia Emocional

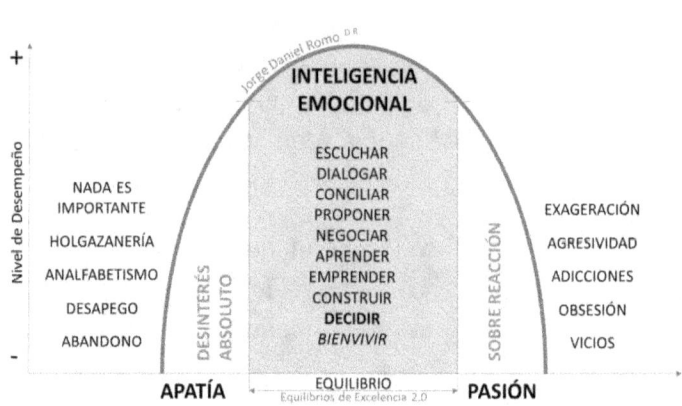

La Apatía, ya desde su origen conlleva implicaciones negativas, a nadie le gusta tratar con gente apática; pero es un hecho que todos tenemos algo de apáticos y que, en ocasiones, nos ha salvado de situaciones que, de habernos dejado llevar por la pasión, las consecuencias habrían sido devastadoras.

Se requiere cierto grado de apatía para evitar engancharte en discusiones sin valor, para no contestar una llamada desconocida; para ignorar a un desconocido que te agrede verbalmente en la vía pública. Estos son ejemplos en los que la apatía te permite enfocarte en lo importante y dejar de lado urgencias sin valor.

La apatía en exceso es peligrosa. Si alguien es apático hacia las tareas productivas, las evitará y caerá en la holgazanería y en la procrastinación[54]. Si hay apatía al aprendizaje, se caerá en la ignorancia y el analfabetismo. Si hay apatía a los objetivos, se postergará, aplazará y justificará el incumplimiento. Si hay apatía a la relación, ya sea de tipo personal o de trabajo, la persona apática se alejará sin dudarlo.

El abandono es un síntoma evidente de la apatía. Alejarse de las cosas importantes de la vida, ya sea personas, eventos o relaciones es un efecto de este extremo.

La consecuencia más grave de la apatía, cuando ésta es generada por la depresión, es el suicidio. Esta ausencia de sentido que impide valorar el entorno, el momento presente y que el futuro no ofrece algo que motive a permanecer con vida. La apatía está vacía y conduce a la nada.

La apatía adormece los sentidos y te resta capacidad de autocrítica. Es más difícil recuperarse de la apatía pues por estar un nivel de desinterés absoluto, no te importa hacer algo para salir de ese estado.

Normalmente el daño de la apatía es personal y cuando afectas a otro, seguramente fue por omisión; así que es más sencillo que la otra persona te de una segunda oportunidad. Lo anterior es más complicado cuando te

---

[54] La procrastinación (del latín procrastinare: pro, adelante, y crastinus, mañana), postergación o posposición es la acción o hábito de retrasar actividades o situaciones que deben atenderse, sustituyéndolas por otras situaciones más irrelevantes o agradables por miedo a afrontarlas o pereza a realizarlas.

dejas llevar por la pasión y agredes o lastimas a otro, en especial a aquellos a quienes amas.

La Pasión por su parte, es un ingrediente fundamental de la acción. La pasión es energía, impulso; es el combustible que hace que las cosas sucedan. Es la pasión la que te mueve a acercarte a las personas y establecer relaciones, ya sea personales o de negocio.

Es la pasión lo que hace que se derriben obstáculos, que los retos se cumplan; que los límites se conviertan en peldaños para alcanzar la excelencia.

Pero claro, el exceso de pasión es por demás peligroso.

La historia de la humanidad está plagada de crímenes y guerras, todas son producto del apasionamiento excesivo.

Cuando la pasión se desborda, se exageran las emociones; la sobre reacción genera agresividad, sólo importa aquello que nos apasiona; somos capaces de afectar las personas que nos rodean con tal de obtener la satisfacción que se busca.

El apasionamiento genera comportamientos obsesivos, las adicciones son el resultado. No solamente se trata de adicción a algún tipo de consumo de drogas; hay también adicción al trabajo (workaholic en inglés). Existen quienes se vuelven adictos a la compañía de alguna persona (puede tratarse de un enamoramiento o algo más grave como el acoso). Hay también adicción a las experiencias cargadas de emoción; los deportes extremos son un ejemplo. Y también los hay adictos al dinero, los ludópatas o adictos al juego podrían caber aquí. Y están los que se vuelven adictos a las cosas materiales y se vuelven coleccionistas o acaparadores.

El exceso de emociones generada por la pasión hace que actúes y respondas de manera reactiva ante las personas o situaciones que enfrentas. Claro que se debe reaccionar y hacer que las cosas sucedan, resolver los problemas, salvar la situación. El problema es que el exceso de emoción hace que la reacción esté vacía de razón.

Estar en este extremo provoca que reaccionemos sin pensar y que digamos o hagamos cosas de las que después nos arrepentiremos. El daño que podemos generar a las relaciones con las personas con las que sobre reaccionamos puede llegar a ser tan grave como haya sido tu explosión emocional: va desde tener que pedir perdón, hasta que sufras las consecuencias por haber agredido y lastimado, o algo peor, a la otra persona.

Daniel Goleman le llama a esta sobre reacción "*el secuestro de la amígdala*" y puede ser devastadora para tu futuro personal y profesional[55].

---

[55] Goleman, Daniel. La Inteligencia Emocional. Por qué es más importante que el cociente intelectual. Editorial Javier Vergara. 2004

Lograr el *Equilibrio entre la Apatía y la Pasión*, significará el desarrollo de habilidades que permitirán la eficacia en las relaciones humanas, tanto personales como laborales.

La práctica de este equilibrio implica estar despiertos, alertas, ser conscientes de lo que pensamos, sentimos y expresamos, ya sea con acciones u omisiones, al hablar o quedarnos callados.

En el *Equilibrio entre la Apatía y la Pasión*, se encuentra el secreto de la estabilidad emocional. Es aquí en donde se encuentra "la receta" para que las relaciones humanas perduren de manera positiva y productiva.

Lograr el dominio de este equilibrio, genera paz interior y permite enfrentar la dinámica discontinua y cambiante del mundo VUCA. Si estás en equilibrio y la vorágine del cambio se cierne sobre ti; seguramente sabrás cómo enfrentarlo y minimizarás el impacto cuando llegue, mantener el equilibrio te permitirá salir a flote y recuperarte con mayor rapidez.

Desde la perspectiva del paradigma del *Liderazgo en Equilibrio*, la resiliencia requiere del equilibrio emocional.

Lograr el equilibrio entre lo que no te importa (apatía) y aquello por lo que darías la vida (pasión), no es algo que se logre de un día para otro; es una conciencia que se fortalece momento a momento, día a día, persona a persona.

No profundizaré en los aspectos de la Inteligencia Emocional, Daniel Goleman cuenta con bastantes publicaciones al respecto. Te recomiendo lo sigas en sus redes sociales y te mantengas actualizado de sus descubrimientos[56].

Sin embargo, permíteme mencionar algunos de los beneficios de alcanzar el *equilibrio emocional*:

- Capacidad de escuchar a los demás.
- Capacidad del diálogo que permite la construcción de relaciones ganar-ganar y de un futuro satisfactorio.
- Capacidad para conciliar y resolver conflictos, tanto de tipo personal como laboral.
- Capacidad para realizar propuestas que representen beneficios múltiples.
- Facilita la apertura y disposición al aprendizaje; incluso a desaprender aquello que ha dejado de ser vigente.
- Apertura para percibir el entorno y adoptar los cambios que se requieran.
- Capacidad de emprender proyectos e iniciativas que significarán oportunidades de desarrollo y mejora tanto a nivel personal como organizacional.
- Capacidad de aceptar los propios errores y aprender de ellos.

---

[56] Encontrarás a Daniel Goleman en Linkedin: https://www.linkedin.com/in/danielgoleman

- Habilidad para construir, a pesar del entorno y de las condiciones.
- Optimismo para enfrentar el día a día.
- Habilidad y capacidad para tomar decisiones trascendentes.
- Capacidad de Perdonar faltas, errores y agresiones, ya sea de tipo personal o laboral.
- Inteligencia para aplicar los **Equilibrios de Excelencia**

En lo personal no me ha sido sencillo vivir el **Equilibrio de la Inteligencia Emocional**, es un reto del día a día.

Al iniciar la práctica de este equilibrio, me imaginaba caminando en la cuerda de la vida. Si me dejaba llevar por la pasión, me desbalanceaba y corría el riesgo de caer.

Descubrirme apático significó un mayor esfuerzo, la apatía adormece los sentidos y resta la capacidad de autocrítica. Me es más difícil recuperarme de la apatía antes de caer; lo más común es que me descubra, demasiado tarde, en este extremo y ya esté pagando las consecuencias de mi desinterés.

Durante mi ejercicio profesional, he estado en procesos de recorte de personal masivos e individuales. La mayoría de los casos por necesidades de negocio, terminación de proyectos y por cierre de operaciones. Además, he realizado el proceso de rescisión de la relación laboral en situaciones de bajo desempeño o por incumplimiento grave de normas o de la ética en el trabajo.

En todos los casos, pude constatar la importancia y los beneficios del equilibrio entre la Apatía y la Pasión. En más de una ocasión pude comprobar el cómo "cargarte" hacia un lado o el otro, genera en la persona que está en medio del proceso una reacción negativa y, generalmente, agresiva hacia tu persona o hacia la organización. En cambio, cuando te mantienes en equilibrio, eres capaz de escuchar a la otra parte y de decir las cosas, por más fuertes o crudas que sean, de una forma respetuosa y empática; lo cual la otra persona termina agradeciendo sinceramente.

A continuación, te comparto un caso que refleja la importancia de este "equilibrio de equilibrios".

En uno de los centros de distribución se presentó una crisis debido a un virus informático que invadió la red y afectó una serie de transacciones y registros importantes; además de que se generó un envío masivo a los contactos de las computadoras afectadas.

Al realizar el proceso de limpieza y "vacunación" de los equipos, se detectó que en la computadora del personal de vigilancia se encontraba una cantidad considerable de accesos a sitios de pornografía y que el virus que infectó la red se encontraba en más de uno de los archivos de esa computadora.

Debido a que los vigilantes rotaban los turnos y realizaban rondines periódicamente, no era sencillo identificar de inmediato al responsable; por ello, di la instrucción al personal de sistemas (IT) que realizara la limpieza al 100% del equipo. No se realizó bloqueo alguno, ni se limitó el acceso a internet. Sin embargo, se revisaría el registro de accesos a internet todos los días al finalizar los turnos de los vigilantes; tarde que temprano identificaríamos al responsable.

Al segundo día, el técnico de sistemas me comunicó que la computadora de vigilancia se encontraba nuevamente con registros de accesos a sitios para adultos. Al obtener las imágenes se identificaron los periodos en los que se había ingresado a dichos sitios. Las horas coincidían de manera contundente en uno de los vigilantes. No había duda de que no solamente no estaba cumpliendo con su trabajo, sino que estaba utilizando el equipo de la empresa para fines que estaban claramente identificados como causa de terminación de la relación laboral.

Preparamos el papeleo correspondiente y recibí al vigilante para hacerle saber la decisión y mostrarle las evidencias de su falta.

Su reacción primero fue de sorpresa, después de indignación y pasó a la agresividad. Argumentó que todos los vigilantes lo hacían y que él estaba siendo el único castigado. Dijo haberse imaginado que algo así pasaría, ya que desde que yo lo había visto me había caído mal (esto lo mencionó por haberlo reprendido un par de meses antes por no portar su identificación en la forma correcta). Manoteaba, gritaba y en cierto momento se levantó y rodeo mi escritorio señalándome y amenazando con negarse a firmar el acta de rescisión y hasta con demandar a la empresa por despido injustificado.

Afortunadamente, supe mantenerme en equilibrio y, si bien permanecí sentado, le advertí que nada de lo que decía iba a poder hacer si no se sentaba nuevamente. Debe haberlo interpretado como una amenaza verdadera; ya que se alejó y aunque no se sentó, disminuyó el volumen de su voz. Le dije que estaba en su derecho de no firmar el acta y que incluso tenía el derecho de demandar a la empresa; así que, si eso era lo que quería hacer, se lo iba a facilitar.

Llamé a uno de mis colaboradores, un joven delgado que al llegar abrió los ojos y me miró preocupado al ver la actitud agresiva del vigilante. - Te voy a pedir que me firmes como testigo de que estoy notificando al vigilante de las faltas que cometió y que testifiques que en ningún momento le he faltado al respeto y que este proceso se realiza conforme a los reglamentos y leyes laborales correspondientes -. El vigilante soltó una maldición y salió como energúmeno de la oficina.

Lo alcancé en la salida del edificio; estaba discutiendo con otro de los vigilantes y hasta acusándolo de ser cómplice del complot en su contra. Con voz firme lo llamé por su nombre y le dije que, si salía del edificio, ya no podríamos tratar el asunto entre nosotros y que debería de realizarse el proceso ante la autoridad laboral. Además, que el dinero que

143

le correspondía por el tiempo laborado y pendiente de pago, así como sus partes proporcionales se depositaría con la autoridad y probablemente pasarían algunas semanas, si no es que meses, antes de que pudiera tener acceso al mismo. - Es tu decisión; ya estás en el fondo, no le escarbes más -. Le dije con firmeza y a manera de consejo.

Se quedó mirando a su alrededor; ahora ya había casi diez personas mirándolo fijamente. Lo invité a regresar a la oficina y poder completar el proceso. Movió la cabeza afirmativamente y me siguió hasta la oficina.

Al llegar se sentó y empezó a llorar; me pidió ayuda, que pensara en su esposa y sus hijos, que necesitaba el trabajo. Aceptaba haber entrado a esos sitios de pornografía; pero que me juraba no volver a hacerlo; que incluso se convertiría en mi espía para encontrar a los demás que hacían lo mismo.

Lo escuche en silencio, esforzándome porque percibiera mi empatía, pero al mismo tiempo que fuera evidente que no había marcha atrás en su salida de la empresa. Le dejé claro que no podía pasar por alto una situación así. Que su función era la de resguardar los bienes de la empresa, que su posición requería de la confianza en su persona y que había fallado totalmente. Respecto a su familia, le dije que no me pidiera a mí lo que él no estaba dispuesto a darles. El que debía de pensar en su familia era él. Mi respuesta fue en tono suave, pero contundente. El vigilante se enjugaba las lágrimas y repetía que lo ayudara.

Le ofrecí que firmara su renuncia voluntaria, con el fin de que cuando nos solicitaran referencias de él, en el sistema quedara registrada su salida de esa forma. Aceptó.

Procedimos a la firma del documento correspondiente y la entrega de los cheques que le correspondían. Se había tranquilizado, pero continuaba pidiéndome que lo ayudara. Llamé a mi joven colaborador. Abrió la puerta de manera cautelosa, no se atrevió a entrar. Le pedí que me pasara los datos de las agencias de contratación. Además, que si sabía de alguna vacante de vigilante – O de mensajero. –me interrumpió el acongojado vigilante. Yo confirmé a mi colaborador que si había alguna de esas vacantes se comunicara con él para que pudiera aplicar a ellas. Mi colaborador asintió y cerró la puerta para cumplir con mi encargo. Esperamos un par de minutos y regresó con dos papeles en la mano. En uno estaban los datos de las agencias de contratación y en el otro, dos vacantes para vigilantes en un par de empresas. Los tomé, y se los entregué al ya resignado vigilante.

Me levanté le desee suerte y le recordé que pensara en su familia cuando consiguiera nuevamente trabajo. Me estrechó la mano y mirándome a los ojos me agradeció y prometió que así sería.

Afuera de mi oficina estaba el supervisor de seguridad, el cual, si bien estaba enterado del proceso; le habían notificado de la actitud agresiva del vigilante y estaba en posición defensiva y alerta. Lo saludé y le dije que todo estaba bien, que lo acompañara a la puerta. Nuevamente estreché la mano del vigilante y volvió a agradecerme la ayuda.

Mi colaborador estaba impresionado por la forma en que se había transformado la situación. No podía creer que un momento antes parecía que iba a golpearme y después hasta me agradecía haberlo corrido. - Yo no lo corrí – le dije, –simplemente cumplimos las reglas. Recuerda que para que haya pleito se requieren dos; como yo no quería pelear, a él no le quedó más remedio que comprenderlo y actuar de manera diferente -.

El haberme mantenido equilibrado, manteniendo mi interés en él (evitando la apatía) y no engancharme en su reacción agresiva (apasionarme demasiado); fueron los ingredientes para que todo saliera como debía de ser.

Alrededor de seis meses más tarde, al realizar unos pagos en una plaza comercial, me topé con aquel vigilante; iba con su esposa y dos niños, uno en brazos y otro como de tres años; me saludó y me presentó con su esposa como el que le había conseguido el trabajo que actualmente tenía. –Ya soy supervisor – me dijo con orgullo. –Aprendí bien la lección y nunca se me va a olvidar lo que usted me dijo -. Le deseé éxito sinceramente.

Lograr el equilibrio emocional te habilita para trabajar de manera consciente en cada uno de los *equilibrios de excelencia* y para otros equilibrios a los que he denominado los *equilibrios de la vida*, ese balance entre aspectos contrastantes y que, al lograr el equilibrio en ellos, te permite llenar tu vida de momentos de felicidad.

Permíteme compartir contigo algunos de esos *equilibrios de vida*. Reflexiona en cada uno de ellos y marca hacia qué extremo tiendes a moverte.

Piensa en las consecuencias, positivas y negativas del extremo al que te has acercado ¿Es ahí en dónde deseas estar? ¿Qué acciones o decisiones debes tomar para alcanzar el balance en cada uno de ellos?

Equilibrios de Vida

Tú	Los demás
Dar	Recibir
Familia	Trabajo
Sentir	Pensar
Personas	Cosas ($)
Pasado	Futuro

Por favor no lo tomes a la ligera, si el momento no es el correcto, regresa después a esta página y profundiza en cada uno de los extremos. Recuerda que alcanzar el balance en cada uno de estos equilibrios de vida, será un avance para tu nivel de satisfacción y generar más momentos de felicidad.

Si estás equilibrado en más de cuatro de los *equilibrios de vida* anteriores, deja un rato la lectura y date un merecido premio. **¡FELICIDADES!**

Una nueva realidad genera un nuevo equilibrio.

La pandemia tomó por sorpresa al mundo entero, cuando los gobiernos del mundo ordenaron el cierre de las actividades no esenciales, fue un momento surrealista ¿Es en serio? ¿Vamos a detener las operaciones? Sí era en serio, muy en serio.

Las noticias de personas enfermas, de hospitales sin camas o espacios de atención disponibles, de los crematorios saturados por el número de cadáveres en fila de espera, eran difíciles de creer.

El trabajo remoto, la escuela en casa, el encierro, la convivencia con las personas de tu casa resultaba, en muchos casos, extraña, asfixiante. La falta de ingresos económicos; las deudas que se acumulaban; las pruebas para detectar el virus; las vacunas; la falta de oxígeno para los enfermos en casa; la muerte cercana; todo era una verdad difícil de entender, de aceptar ¿cómo mantener el equilibrio en un entorno así?

En ese entorno de caos interno, personal y externo social, surgió un nuevo modelo de equilibrio:

VIDA PLENA. El equilibrio entre el azar y la causalidad

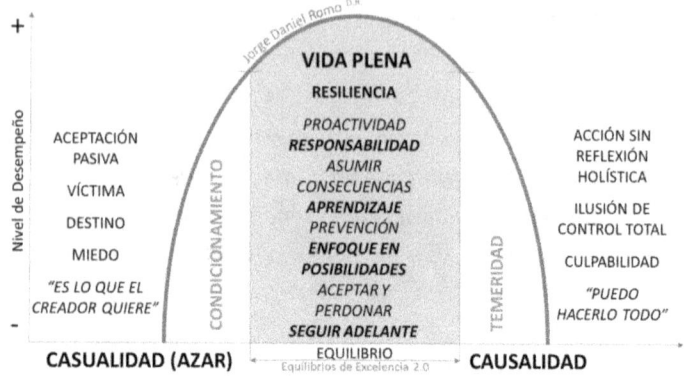

El Modelo de Equilibrio de Vida Plena *surge ante dos formas de enfrentar la vida:*

- *Por un lado, el de la casualidad provocada por el azar; por actitudes de condicionamiento y conformismo ante la realidad. Comportamientos pasivos de aceptación, de víctimas de las circunstancias ante un destino que no podemos cambiar; de resignación y miedo constante a lo que es inevitable y si "te toca, ya ni llorar es bueno".*

- *Por el otro, conductas temerarias para enfrentar riesgos y tomar acciones sin ver el todo. Conductas ilusionadas por una falsa certeza de que se tiene control y que eres la causa de todo. Comportamientos de achacar y asumir culpas por lo que generas a tu alrededor.*

Ambas visiones y formas de enfrentar la vida son extremas, la Pandemia de COVID-19 las acentuó significativamente en todo el mundo.

El Equilibrio de Vida Plena se logra a través de la resiliencia, la proactividad y la responsabilidad para asumir las consecuencias de tus acciones y decisiones; de aprender de tus éxitos y de tus errores; previniendo lo que te sea posible y enfocarte en las posibilidades que tienes a tu alcance.

Vivir con plenitud es un ejercicio de aceptación y perdón personal y hacia los demás.

En un mundo en caos y en desequilibrio, hay que mantener el paso, levantarte, "pedalear" para recuperar el equilibrio y seguir adelante.

Preguntas de aplicación personal

¿Hacia qué extremo tiendes a moverte?

|_____|_____|_____|

Apatía   Pasión

|_____|_____|_____|

Casualidad   Causalidad

Ahora que conoces estos modelos ¿qué puedes hacer diferente?

¿Cómo calificarías (1 al 10) tu Inteligencia Emocional?

¿De qué manera gestionas tus emociones, tanto las positivas como las negativas?

¿Cómo regulas tu estado emocional cuando estás en la zona de sobre reacción?

¿Cómo sales de tus estados de apatía?

¿Cómo está tu balance en los equilibrios de vida?

¿Cómo calificarías (1 al 10) tu Resiliencia?

¿Asumes las consecuencias de tus decisiones?

¿Eres capaz de perdonarte y perdonar a los demás?

¿Eres capaz de enfocarte en las posibilidades, aún en las situaciones más adversas?

¿Cómo logras la plenitud en tu vida a pesar de las adversidades?

LOS EQUILIBRIOS PARA LIDERAR:

En esta sección profundizarás en los modelos de los *Equilibrios de Excelencia* que considero fundamentales para la/el *Líder de Líderes*.

Son Equilibrios que pondrás en práctica con tus colaboradores. Son los modelos que impactan de manera directa en la cultura de la organización. Con ellos no solo te convertirás en un(a) líder, sino que generas el entorno para que surjan más líderes.

Los modelos son:

9. **Convivencia Productiva.** El equilibrio entre Libertad y Disciplina

10. **Entorno de Cumplimiento y Motivación.** El equilibrio entre Premio y Castigo

11. **Pertenencia y Propiedad.** El equilibrio entre Soltar y Controlar

12. **Respeto.** El equilibrio entre Confianza y Temor

13. **El Líder Facilitador de la Productividad.** El equilibrio entre Líder Blando y Líder Duro

CONVIVENCIA PRODUCTIVA. El equilibrio entre Libertad y Disciplina

En el modelo del equilibrio, se señalan los extremos de cada estilo o condición. El objetivo es representar las consecuencias de los extremos y las ventajas de mantenerse en la zona de equilibrio, la cual es en donde el beneficio y desempeño de excelencia es factible de alcanzar.

Convivencia Productiva

En el equilibrio entre la libertad y la disciplina, el desempeño de excelencia se logra al alcanzar la convivencia productiva y en la *bienvivencia*; es decir en la convivencia respetuosa, positiva, constructiva y productiva entre los miembros de una organización.

155

La *bienvivencia* es un entorno de colaboración y complementariedad en medio de la diversidad y de las diferencias.

En tales entornos no se trata de ambientes de igualdad, sino de equidad; es decir, cada persona recibe lo que le corresponde de acuerdo con su nivel de contribución a los resultados.

En la *bienvivencia* no se busca que los miembros piensen o sientan de la misma forma, lo cual de inicio es una aberración, sino que, incluso en los desacuerdos, sean capaces de trabajar juntos por un mismo objetivo.

La *bienvivencia* implica aceptar que hay personas con las que no buscarías pasar unas vacaciones o incluso tomar una cerveza los fines de semana; más se reconocen sus talentos y fortalezas y se trabaja en sinergia para lograr los resultados.

La *bienvivencia* es armonía en el desacuerdo, es balance en la complejidad y la incertidumbre.

La *bienvivencia* es el resultado de la gestión a través del **Paradigma del Liderazgo en Equilibrio**.

En las organizaciones actuales se conjugan una gran cantidad de aspectos que impactan la convivencia entre las personas, entre otros podemos mencionar:

- Cumplir las cada día más altas expectativas de los Clientes.

- Responder a tales expectativas con mayor calidad y rapidez.
- Asegurar el cumplimiento de los procesos operativos y administrativos en tiempo y forma.
- Cuidar el máximo aprovechamiento de los recursos como el tiempo, el dinero y los materiales.
- Mejorar, entiéndase incrementar, la productividad individual y el del equipo.
- Mantener o incrementar la diferenciación con respecto a la competencia, entre otros.
- Garantizar la rentabilidad y sustentabilidad de la organización en el corto, mediano y largo plazo.

Seguramente en tu experiencia laboral, te has enfrentado con que lograr que se cumplan todos los aspectos mencionados, y mantener un ambiente laboral sano, respetuoso, positivo y constructivo, en muchas ocasiones, no es posible. Incluso habrás experimentado que un ambiente laboral sano, se "enferma" al crecer la organización o al enfrentar un incremento en la exigencia para cumplir con alguno o varios de los aspectos mencionados.

La complejidad se ha incrementado por la convivencia de personas de diferentes generaciones en las organizaciones actuales, en las que el problema no sólo es la edad, sino la manera tan diferente de entender la realidad y las perspectivas de futuro.

Estoy convencido que dos factores que generan el choque en el interior de las organizaciones entre la diversidad de personas y generaciones son: la libertad y la disciplina, por la manera en que se gestionan y el descuido de su balance productivo.

En el caso de la libertad; el extremo es el caos. Es la zona donde no hay límites ni restricciones.

Si bien es poco probable encontrar una organización con estas características extremas; es un hecho que los jóvenes de las nuevas generaciones desean más libertad.

Organizaciones como Google o Zappos en las que los centros de trabajo se combinan con espacios de esparcimiento y actividades lúdicas[57]; provocan que muchas personas consideren que tales prácticas están muy cercanas al caos. Sin embargo, funcionan de una manera diferente a la mayoría de las organizaciones y, para muchos, son un sueño trabajar en ellas.

Es una realidad que demasiada libertad genera caos; simplemente imagina un mundo sin reglas:

Imagina el tránsito de una ciudad sin reglas, señales, límites de paso o de estacionamiento: caos.

Imagina una multitud sin orden, espacios, orientación, sentido del flujo: caos.

---

[57] Leaderonomics.com. Three Companies That Succeeded in Building the Perfect Offices. . .And Two That Didn't. October 13th 2017

Imagina una organización sin reglas, sin objetivos, sin roles, sin orden, sin horarios, sin disciplina: caos.

Imagina una familia sin respeto, sin espacios propios, sin responsabilidades, sin valores: caos.

Un mundo sin límites sería el caos.

La conciencia de las consecuencias de un exceso de libertad debe ser suficientemente poderosa para que se comprenda la necesidad de generar un entorno de equilibrio con la disciplina.

Cuando hay balance entre la libertad y la disciplina, los miembros de una organización conocen lo que se debe y lo que no se debe hacer. Existe respeto y se evitan los abusos; las reglas, normas y políticas son cumplidas.

Existen consecuencias, tanto por el cumplimiento, como por el incumplimiento: Reconocimiento por lo primero, acciones correctivas por lo segundo.

Nada hay más aberrante que una organización con reglas que no se cumplen.

Las organizaciones en las que *"nunca pasa nada; ni para bien, ni para mal"*, se desvirtúan y generan un ambiente organizacional de sobrevivencia; algunos miembros asumen papeles dominantes, pero sin responsabilidad ni autoridad formal. Los jefes formales no se atreven a ejercer su autoridad, se "hacen de la vista gorda" cuando algún miembro se comporta de manera inadecuada. ¿Para qué hacer frente a una situación crítica si no se tiene el respaldo organizacional? La *ley de la selva* es la premisa de esas organizaciones. Incluso aquellos que están en lo alto de la pirámide organizacional toleran esos comportamientos. El abuso del poder (formal e informal), el acoso, el robo y otras malas prácticas, generadas por la falta de consecuencias por el incumplimiento de las reglas; se convierten en la forma de vida de la organización.

La cultura (o incultura) se refleja en el pobre orden y en lo sucio de las instalaciones y equipos. Basura por rincones, huecos y espacios no transitados. Grafiti en los baños, muebles y paredes. Los malos ejemplos son los que predominan.

Los buenos trabajadores, callados, invisibles; buscan pasar desapercibidos y "librar" el día sin que nadie se meta con ellos; están en espera de la primera oportunidad para "huir" a otra organización con mejor ambiente de trabajo.

Aún en los posibles casos en los que una organización no cuente con un reglamento interior propio; las regulaciones de trabajo a nivel estatal o federal; incluso el sentido común de lo que se debe o no se debe hacer; establecen un marco de referencia para alcanzar el equilibrio entre la libertad y la disciplina.

En una reunión con uno de los dueños y director de una de esas organizaciones, se planteó la necesidad de poner un alto al caos organizacional y empezar a aplicar el reglamento establecido años antes, sin concesiones, pero con justicia y previa capacitación. La expresión del director no sólo era de preocupación, era de miedo verdadero. – ¡Me voy a quedar sin gente! –fue su expresión, la cual envolvía al mismo tiempo desesperación y un lastimoso grito de ayuda.

Durante la reunión se tocaron las causas de la alta rotación (renuncia constante de los trabajadores) y al preguntarle a qué tipo de empresas se iban a laborar los buenos trabajadores que habían pasado por su organización, la respuesta fue contundente: renunciaban para ingresar a grandes empresas transnacionales con sistemas disciplinarios sumamente estrictos. El sueldo y prestaciones, en muchos casos eran equivalentes, la diferencia fundamental era que en esas empresas había orden, limpieza, respeto; dicho de otra manera: <u>reglas que se cumplían</u>.

Es por ello fundamental que en las organizaciones exista un sistema regulatorio claro, abierto, conocido, practicado y que, en caso de que no se cumpla, existan consecuencias para aquellos que decidan no acatarlo... claro que será importante premiar o reconocer abiertamente el cumplimiento y la práctica de este, más de ese tema hablaremos en el <u>Equilibrio del Entorno de Cumplimiento y Motivación</u>.

Por su parte, **la disciplina llevada al extremo provoca parálisis**. Nadie hace algo sin permiso o autorización. No hay espacio para la creatividad ni la innovación. Las respuestas de los miembros de la organización se limitan a: "*sí señor, no señor*".

En el entorno actual, en el que las organizaciones requieren innovación, flexibilidad y velocidad; la disciplina extrema no es una buena alternativa.

Muchos directivos que se quejan de la falta de disposición de su personal, mencionando comportamientos como: "*se limitan a su trabajo, no están dispuestos a dar el extra*" o "*son más puntuales para salir que para entrar*"; al conocer su estilo de liderazgo, es común encontrar que son del tipo normativo; es decir de los que se apegan de manera estricta a las reglas o procedimientos y no aceptan flexibilizar una política, aun existiendo un rango para hacerlo sin quebrantarla. Por supuesto que es importante el cumplimiento de las normas y políticas, el problema reside en que esas/esos líderes esperan que sus colaboradores sean flexibles, cuando ellos no lo son.

Un trabajador que pide salir temprano un día, sin afectar el servicio o la calidad de su función y se le descuenta de su salario ¿cómo se le puede pedir disposición a quedarse más tiempo adicional a su jornada? Y, si lo hace, exigirá, con justa razón, el pago correspondiente por su trabajo extra. "Con la vara que midas serás medido"; si pides disposición, deberás tenerla tú mismo.

Existen organizaciones en las que las reglas aplican solo a ciertos niveles y para ciertos tipos de posiciones. La claridad y la justificación racional de ellas es fundamental para que los miembros las acepten y cumplan. Si existe incongruencia generará insatisfacción y, por consecuencia, incumplimiento.

La adopción de un sistema disciplinario que promueva la *bienvivencia* organizacional, debe iniciar con los directivos; es decir *en cascada*.

El ejemplo es la herramienta de formación más poderosa y efectiva que una organización tiene para lograr que sus miembros cumplan con las normas, reglas y políticas.

El renunciar a las malas prácticas y alinearse a aquellas que apliquen a todos los miembros de la organización, es un proceso doloroso que, para algunos jefes, es un "sacrificio" que en ocasiones no están dispuestos a realizar.

Por el bien de la organización, es decir que sea productiva, rentable, sustentable y permanezca por muchos años; es fundamental la disposición de los directivos y jefes en general, a sujetarse al sistema disciplinario. Ser ejemplos de su cumplimiento fundamenta la autoridad moral de aplicar las acciones correctivas para aquellos que no las cumplen.

Si se requiere flexibilidad para los jefes, se debe generar flexibilidad para los colaboradores.

LA FLEXIBILIDAD SE ESTÁ CONVIRTIENDO EN ALGO PERSONAL. LOS EMPLEADOS EXPRESAN CADA VEZ MÁS SU DESEO POR ACUERDOS DE TRABAJO QUE LES PERMITAN CONTROLAR SU VIDA PERSONAL Y PROFESIONAL. QUIEREN DECIDIR CUÁNDO, DÓNDE Y CÓMO TRABAJAR (FLEXIBILIDAD ESTABLE), ASÍ COMO POLÍTICAS QUE LES BRINDEN FLEXIBILIDAD CUANDO SEA NECESARIO (FLEXIBILIDAD A PEDIDO). LA CLAVE RADICA EN PASAR DE MODELOS AD HOC DE FLEXIBILIDAD, QUE REQUIEREN EL PERMISO DE UN GERENTE O DE RECURSOS HUMANOS, A ACUERDOS MÁS PERMANENTES.[58]

No se trata de otorgar los mismos privilegios que los "altos niveles" tienen derecho; se trata de generar equidad y congruencia en el sistema disciplinario.

Para las nuevas generaciones es muy difícil entender el por qué si un jefe llega tarde y se va temprano, no pasa nada; y, si un colaborador hace algo así, hasta el trabajo pierde.

En este siglo 21, ser el jefe no te hace ser aceptado como "*todopoderoso*", si deseas que sea así, la gente se irá de tu organización.

---

[58] Estudio sobre tendencias globales de talento. Mercer 2018.

El liderazgo se refuerza con la correcta aplicación de la libertad y de la disciplina.

En una empresa maquiladora con poco más de 3,000 trabajadores; el equipo directivo definió que NINGUNA persona podría ingresar a las instalaciones rentadas para un evento deportivo, si no portaba la identificación de la compañía.

Las razones de seguridad eran claras para todos, ya que recientemente se había realizado un recorte de personal y, por ello, no se podía aceptar que ingresaran al evento personas que ya no pertenecían a la organización.

El día del evento, la instrucción para el personal de vigilancia en los accesos fue clara y contundente: <u>Nadie puede ingresar si no trae consigo su identificación de la compañía.</u>

A medida que transcurría el evento, algunos trabajadores se presentaron sin la identificación y, tal como se había indicado, fueron invitados a regresar a casa por su identificación. Si bien algunos se molestaron y no regresaron, no hubo mayor problema para cumplir la regla de ingreso... hasta que llegó uno de los directores sin la identificación correspondiente.

Las conocidas expresiones de "¡¿Qué no sabes quién soy yo?!", entre otras que de seguro alguna vez has escuchado, se repitieron durante poco más de quince minutos. Por supuesto que el director de Recursos Humanos fue llamado, tanto por el mismo director sin identificación, como por el personal de vigilancia para solicitar la autorización y hacer una excepción a la regla.

Para infortunio del director sin identificación, el Director General llegó a la puerta de ingreso antes que el director de Recursos Humanos. La respuesta a la situación fue suave, clara y contundente: - Tú estabas cuando definimos la regla y estuviste de acuerdo; así que ahora cumple lo que acordamos. Además, yo traigo mi identificación ¿tú por qué no? Regresa a tu casa por ella y te esperamos para echarnos un partido-.

Si bien el director sin identificación no regresó; el mensaje para TODA la organización fue también claro y contundente: **Las reglas son para cumplirse y el que no las cumpla, sufrirá las consecuencias**. *Ese evento fue un poderoso mensaje de congruencia y equilibrio entre libertad y disciplina.*

La excelencia en el ***equilibrio entre la libertad y la disciplina*** se alcanza cuando los miembros de la organización se autorregulan; es decir, no solamente los jefes o las autoridades señalan el incumplimiento, cada persona es responsable de su conducta y actuación y, al mismo tiempo, un "vigilante" del cumplimiento de los demás.

Cuando el balance entre libertad y disciplina es el correcto, no se tiene tolerancia por el incumplimiento, ya que es evidente que tolerarlo implica aceptar que se haga lo que no se debe hacer y, por lo tanto, aceptar las consecuencias, cuando éstas lleguen... y existe la certeza de que llegarán.

La/el *Líder de líderes* lo entiende y acepta que también deberá ajustarse a las normas y políticas que la organización establezca.

Se asume como un ejemplo de cumplimiento y, en caso de que una norma o política afecte la convivencia productiva; presentará de manera objetiva, y debidamente respaldada, un argumento sólido para su remoción o modificación. No porque quiera más libertades; sino por que busca mayor productividad, lealtad y compromiso de su gente.

Para las nuevas generaciones, la congruencia y el comportamiento ético de sus jefes son significativamente más relevantes que para las generaciones más antiguas [59] ; esto no debe ser menospreciado por las y los líderes que desean construir mayor lealtad de parte de sus colaboradores.

---

[59] The Deloitte Millennial Survey 2022

Preguntas de aplicación personal

¿Hacia qué extremo tiendes a moverte?

|_____|_____|_____|
Libertad   Disciplina

Ahora que conoces este modelo ¿qué puedes hacer diferente?

¿El personal a tu cargo te considera una persona flexible?

¿Te consideras un ejemplo en el cumplimiento de la normatividad de tu organización?

¿Cómo calificarías (1 al 10) la convivencia productiva en tu lugar de trabajo?

¿Qué puedes hacer para promover la *bienvivencia* en tu área de trabajo?

¿Aplicas consecuencias cuando una normativa que promueve la convivencia productiva no es respetada? Si es así ¿Las aplicas con Equidad?

ENTORNO DE CUMPLIMIENTO Y MOTIVACIÓN. El equilibrio entre Premio y Castigo

Un aspecto crítico en la cultura de las organizaciones tiene que ver tanto con el sistema de reconocimiento del desempeño positivo, como con el de consecuencias ante el incumplimiento. Es común que el sistema se encuentre "desequilibrado" y que se castigue más de lo que se reconoce al personal, provocando con esto un entorno de cautela, temor y, por consecuencia, pobre creatividad y proactividad.

Entorno de Cumplimiento y Motivación

Construir un entorno de cumplimiento y motivación depende de la cultura de reconocimiento, o de reforzamiento positivo, de las conductas, acciones y cumplimiento de las normas, políticas, valores y procedimientos de la organización. Lograrlo es una tarea ardua que requiere tiempo, consistencia y congruencia entre lo dicho, lo escrito y lo hecho.

Desarrollar un entorno de cumplimiento, requiere de mayor atención y dedicación de parte de las y los líderes en las organizaciones actuales.

La situación descrita en El Equilibrio de CONVIVENCIA PRODUCTIVA generó una molestia significativa en el director que fue impedido de ingresar al evento deportivo por no portar su identificación de la empresa.

Debo admitir que, en lo personal, me preocupó la forma en que se comportaría el lunes que regresara a las actividades normales de la organización. Me preocupaba la forma en que se daría la interacción entre dicho el director sin identificación, el Director General y el vigilante que había impedido el ingreso. Si bien reconocía su capacidad técnica, experiencia y madurez; estaba seguro de que la situación debía haberle generado una sensación de rechazo y que podía sentirse desvalorado en su autoridad e imagen ante la organización.

Los lunes se iniciaba la semana con una reunión del grupo directivo, así que, probablemente el evento del sábado sería el primer punto de la agenda a tratar.

El lunes al llegar a la empresa, los primeros comentarios con el personal giraron alrededor de los acontecimientos, tanto deportivos, como el caso del director sin identificación. Ya se habían maximizado los hechos y agregado matices que daban un aire de "drama organizacional"; era un hecho que la organización estaba expectante de lo que iba a pasar tanto con el director sin identificación, como con el vigilante, quien, para algunos era un prepotente agresivo; mientras que, para otros, los menos, era un valiente que había cumplido con su trabajo.

En el grupo directivo el asunto estaba latente, pero ninguno lo mencionó abiertamente en el intercambio de comentarios previos al inicio formal de la reunión. Al arribo del Director General, quien como de costumbre saludaba de mano a todos en la sala y aprovechaba para hacer algún comentario positivo, ya sea de la persona, el trabajo o hasta de la familia de quien estrechara la mano.

Al tocar el turno del director sin identificación, además de estrechar su mano, el Director General palmeó su hombro y comentó haberlo extrañado para "hacerlos fuertes en el partido"; el aludido sólo expresó un "me imagino", reflejando con ello que la molestia seguía existiendo.

El inicio de la reunión fue normal y como primer punto se dedicaron unos minutos para evaluar el evento del fin de semana. – ¿Cómo te sientes por haber hecho efectiva la regla de que nadie ingresara si no portaba la identificación de la empresa? –Preguntó específicamente el Director General al director sin identificación.

–*La verdad me pareció exagerada y me doy cuenta de que sin la identificación no somos nadie. – Contestó sin levantar la vista de su agenda.*

- ¿Recuerdas el origen de porqué tomamos esa decisión?

– Sí claro, pero era para el personal, nunca mencionamos que también para nosotros aplicaba la regla.

–*Sí, probablemente debimos dejarlo claro para que no hubiera dudas. Lo bueno es que no hubo más casos como el tuyo. ¿Qué piensas de la forma en que se comportó el vigilante? -.*

La afirmación y la siguiente pregunta fue un balde de agua fría para todos. La atención se centró en el director sin identificación; me dio la sensación de que el tiempo se detenía antes de que éste respondiera.

–*Pues, aunque no me guste, creo que hizo lo que le ordenaron hacer-. Contestó entre dientes el director.*

– *¿Consideras que hizo lo correcto?* -. *Volvió a preguntar el Director General con la mirada fija él.*

–Sí.

– *¿Crees que sea un ejemplo de lo que esperamos que la gente haga cuando decidimos algo y le pedimos que lo cumpla?* –

El director aludido, suspiró profundo. –Sí, creo *que sí debería de ser así.*

El Director General se recostó en su silla y, con las manos en la mesa, dirigió la mirada a todo el grupo. – Pues ¿qué les parece si le damos un reconocimiento? –.

Nuevamente todas las miradas se fijaron en el director que estaba siendo el centro de la situación.

Nadie contestó; por lo que el Director General continuó dirigiéndose primero a mí y luego a él. –Daniel, consigue los datos del vigilante y pásalos a su asistente. Tú, ve a tu oficina, elige un promocional para que tú mismo se lo entregues -.

Todos los directores tenían algunos promocionales para premiar los comportamientos positivos de su gente, la única regla era que debían hacer una carta explicando el motivo y reportarlo mensualmente a Recursos Humanos.

–Al final de la junta lo llamaremos para hacer la entrega aquí mismo. Ahora vamos a los demás asuntos del día -. Giró su silla el Director General a manera de cierre del tema y enfocarnos en lo siguiente.

Durante el receso de 10 minutos, verifiqué los datos del vigilante y se los entregué a la asistente del director para que realizara la carta correspondiente. Le notifiqué al jefe de seguridad, para que estuviera al tanto y, cuando terminara la reunión, acompañara al vigilante a la sala de directores. Por supuesto que su expresión fue de "ya me lo temía"; a pesar de entender su preocupación, no le expliqué el verdadero motivo de su presencia ante el grupo directivo, consideré que no me correspondía hacerlo.

Al finalizar la reunión, llamé al jefe de seguridad y los esperé en la puerta de la sala. La expresión de ambos era de dureza y preocupación combinadas.

El vigilante era un hombre de los que podemos llamar "duro, pero justo", con amplia experiencia en su función. Normalmente caminaba muy derecho, pero al ingresar a la sala estaba encorvado, seguramente preparado para lo peor.

- ¡Pásale, Juan! *–Expresó el Director General, en el momento que el vigilante cruzó la puerta de la sala, seguramente ya había leído la carta que el director había escrito a través de su asistente.*

–Aquí uno de mis colegas tiene algo que decirte. *– Terminó cediendo la palabra al director al que el vigilante había negado el ingreso apenas un par de días antes.*

El director leyó la carta con voz clara y fuerte, se notaba que había dedicado más de 3 minutos para su redacción. El vigilante, a medida que escuchaba, enderezó su postura y sus ojos brillaron, era evidente el esfuerzo que hacía por no parpadear. Pude percatarme que apretaba con fuerza algo en la bolsa de su chamarra, después me enteré de que era un llavero con la foto de sus hijos.

– Por todo lo anterior, es un orgullo reconocer tu profesionalismo y saber que contamos con gente como tú. – Terminó el director la lectura y se acercó para estrecharle la mano y hacerle entrega de la carta y un par de pequeñas cajas (que yo sabía correspondían a una taza y un llavero con logotipos de la empresa). El resto de los presentes aplaudimos con fuerza y uno de los directores gritaba - ¡Bravo! ¡Felicidades! -.

Este caso significó uno de los ejemplos más poderosos de la cultura de cumplimiento y reconocimiento que esa organización experimentó, pero no fue el único. El equilibrio que existía entre el premio y el castigo era casi perfecto. Aún hoy, después de más de una década de haber dejado la organización, existe gente que, al reconocerme en la calle, me pregunta "¿Todavía conservas las cartas de reconocimiento?", mi respuesta es "Sí, ya están todas amarillas, pero sí las conservo".

Una nota acerca del On boarding

Debido a la urgencia y velocidad de la dinámica actual, se menosprecia la orientación o inducción que toda persona de nuevo ingreso debe recibir ¿cómo puede saber una persona que llega a una organización lo que se espera de su comportamiento y desempeño si no se le dice con claridad y oportunidad?

Además, las organizaciones que dedican un espacio para esta inducción a la organización lo delegan a personas que tienen poco tiempo en la organización o que no lo ven como un proceso clave y de valor fundamental.

Lo más común es que el enfoque de la inducción sea en lo que no se debe hacer y que, desde el primer día, los nuevos integrantes sean "bombardeados" con toda la información de lo que la organización desea que la persona NO haga. El problema de este método es que aquellas personas, que jamás se les hubiera ocurrido incurrir en una falta, se les proporciona un extenso catálogo de posibilidades.

Es común que en los programas de inducción tradicionales se minimice el sistema de reconocimientos o premios de una organización; el cual es fundamental para que los miembros identifiquen con claridad lo que sí se debe hacer.

Aprovechar los primeros días y ¿por qué no? Primeras semanas del ingreso de los nuevos colaboradores para que tengan muy claro lo que se espera de ellos y que conozcan la cultura, los principios de convivencia y las reglas que aplican para todos en la organización es un ejercicio fundamental para asegurar la construcción del entorno de cumplimiento y motivación,

La/el *Líder de líderes* es consciente de la importancia que tienen las primeras semanas de una persona en la organización, se asegura de que la gente a su cargo sepa lo que tiene qué hacer, las metas a alcanzar y los porqués y paraqués de éstas.

El interés sólo en la recompensa.

El reforzamiento positivo es muy importante para enfocar la atención en lo que se debe hacer y generar un entorno de cumplimiento y motivación[60]; sin embargo, llevarlo a un extremo de *"si no me reconoces, no hago nada"* es la pesadilla de muchos jefes.

---

[60] Blanchard, Ken ¡Bien hecho! Cómo obtener mejores resultados mediante el reconocimiento. Norma 2002

Un entorno que no esté equilibrado y en el que el premio sea una premisa exagerada; entonces el resultado será que las personas no harán nada que no incluya un premio.

El equilibrio de un programa de reconocimientos se rompe cuando más que reconocimientos, se privilegian los bonos o premios económicos exclusivamente; los trabajadores se convierten en mercenarios que buscan solo su beneficio y no les interesa la contribución hacia el equipo o a la organización.

Las consecuencias de este extremo pueden llegar a ser sumamente costosas para la organización. Como ejemplos podemos mencionar:

- La cultura se transforma en "recibir para dar".
- Falta de iniciativa, ya que sólo se hace aquello que es recompensado.
- Limitación de las contribuciones del personal, con base en la expectativa de premio a obtener.
- Las contribuciones "espontáneas" o "altruistas" desaparecen para dar lugar a proyectos a cambio de las ganancias obtenidas.
- El trabajo en equipo se condiciona a la recompensa a obtener por el trabajo en conjunto.
- La expectativa del tipo de premio se incrementa exponencialmente, y puede llegar a ser "insuficiente" para que la gente lo valore.

- La motivación por el logro de hacer las cosas mejor se pierde; provocando un estancamiento de la mejora continua.

- La desmotivación puede desbordarse al enfrentar una situación de crisis que limite el otorgamiento de los premios o bonos económicos.

Evitar la generación de este tipo de cultura basada en "recibir para dar" es una tarea crítica de las/los líderes.

La desmotivación de un entorno enfocado en el castigo.

Este extremo seguramente es evidente y podríamos concluir que no hay mucho qué decir; sin embargo ¿por qué es tan común?

El castigo surge como una acción punitiva social en la que se buscaba dar claridad de lo que era moralmente correcto. Si tu comportamiento lastimaba la moralidad de la comunidad, debías pagar las consecuencias. Eras culpable y tu sentencia era sufrir en la magnitud en que la sociedad considerara tu ofensa. En la historia de la humanidad se ha castigado a pesar del arrepentimiento. No se busca el aprendizaje o la mejora; el objetivo es dar un escarmiento al infractor y a la comunidad. Ha sido una demostración de poder del estado a la población[61].

Así pues, el castigo es una demostración de poder que los jefes de muchas organizaciones utilizan, al no ganarse, de manera natural, el respeto y la admiración de sus colaboradores.

Los líderes autoritarios son expertos en la coerción y en la aplicación de castigos. Para ellos es la forma correcta de demostrar su autoridad y que no haya duda de quién es el que manda y al que hay que obedecer sin dudar.

Las consecuencias ya las conoces:

- La gente se cuida de **no hacer** lo que puede generarles un castigo. Esto puede parecerte correcto, pero ¿no es mejor que *su enfoque sea en hacer lo correcto*? La diferencia puede parecerte insignificante, más créeme, es fundamental para una cultura de Cumplimiento y Motivación.
- Las personas se mantienen en la zona segura para evitar los castigos:
  - no corren riesgos,
  - no toman decisiones,
  - no toman la iniciativa.

---

[61] Díaz Cortés, Lina Mariola. Algunas Consideraciones Sobre El Castigo. Una Perspectiva Desde La Sociología. 2007

¿Qué tipo de líder se siente orgulloso de colaboradores así? Seguramente ninguno, la cuestión es ¿qué tan conscientes son esos líderes de que cosechan lo que ellos mismos sembraron?

En un entorno en donde predomina el castigo, se ocultan los errores; las personas no confían en los demás, al menos no en la forma productiva de la confianza que se da en los equipos de trabajo. Ellos mismos caen en la cultura del castigo al aplicarlo al delator, el traidor que señaló una falla y en la que saben que el "culpable" será castigado. Por eso no se puede hablar de equipos, son más bien "pandillas" en las que hay códigos de "honor" y el que no cumple lo paga.

Es común que se genere un círculo vicioso entre los grupos tipo pandilla y la necesidad de líderes autoritarios. Se trata de una lucha de poderes que se regula a través del miedo al castigo.

Cuando una organización se encuentra en condiciones como las anteriores, la labor de la/el líder es crítica. Se deberá evolucionar al paradigma del liderazgo en equilibrio para lograr un cambio cultural de fondo, basado en la congruencia y la justicia que logre el entorno de cumplimiento y motivación para la productividad.

Importancia de los Valores Organizacionales

La/el *Líder de líderes* equilibra de manera justa y congruente las recompensas y las consecuencias del mal desempeño.

Su objetivo no es regalar premios, sino reconocer y fomentar el cumplimiento y desempeño a niveles de excelencia.

Su objetivo tampoco es castigar o "dar una lección"; sino el aprendizaje, la mejora y el cumplimiento de los objetivos.

Pero ¿de dónde puede asirse la/el *Líder de líderes* para generar un entorno en el que se equilibre de manera natural la dinámica de los premios y castigos? La respuesta es simple: de los valores.

Los valores organizacionales son los elementos críticos de congruencia para lograr el equilibrio entre el premio y el castigo.

Cuando las personas identifican lo que los valores de la organización significan, y tienen claro la vivencia, la práctica y aquellos comportamientos y acciones que van en contra de estos; entonces el sistema de reconocimiento, así como el de las acciones disciplinarias, adquieren sentido.

Sin embargo, la administración por valores requiere de congruencia entre el decir y el hacer. El que la dirección o los jefes sean ejemplos de la vivencia de valores, será fundamental para que el equilibrio se cumpla.

Los valores; a diferencia de las normas, reglamentos y políticas, que pueden ser discrecionales dependiendo del nivel, función o responsabilidad de las personas, aplican para todos los miembros de la organización: desde el dueño o presidente corporativo o director general, hasta la persona con el nivel más operativo o de responsabilidad más básica dentro de la organización. La/el **Líder de líderes** lo sabe y se asegura de ello.

En cierta ocasión un grupo de trabajadores de producción se acercaron a mi oficina con una solicitud: que la empresa les pagara los uniformes deportivos para participar en una liga de futbol interempresarial.

Yo tenía apenas unos meses en la organización y argumentaban que mis antecesores se los habían prometido desde tres años atrás y no habían cumplido. Ahora querían saber si yo era capaz de cumplir. Su actitud era un tanto desafiante, por lo que solicité los antecedentes a mis colaboradores directos; ellos también tenían la misma idea que el grupo de futbolistas amateurs.

Decidí condicionar la entrega de los uniformes a la llegada del equipo a finales del torneo; es decir, si el equipo lograba pasar a la final, les compraría el uniforme completo para que jugaran el último partido. Por supuesto que los reclamos y lloriqueos se extendieron en el grupo. Por ello, les ofrecí que la empresa pagaría el campo y el arbitraje de cada partido; pero que en el momento que quedaran descalificados, se acabaría el apoyo.

Ellos solicitaron que el uniforme incluyera los zapatos de futbol, a lo que accedí, siempre y cuando jugaran la final.

El grupo se retiró, todavía quejándose de la ambiciosa condicionante; aunque entusiasmados al mismo tiempo por llegar a la final, y ya imaginándose con su flamante uniforme y zapatos de futbol nuevos.

Al día siguiente se presentó un grupo de mujeres trabajadoras a solicitarme el mismo esquema que a los varones. Ellas nunca habían participado en un torneo de futbol, pero siempre habían querido hacerlo. Accedí también con las mismas condiciones que sus compañeros.

Durante los casi tres meses que duró el torneo, el entusiasmo de la organización se incrementaba al conocerse los resultados y comprobar que los dos equipos se acercaban a la final. El equipo femenino demostró incluso ser más dedicado y entusiasta que los varones; hasta su grupo de porristas era más grande.

Ante mi incredulidad, y la de toda la organización, los dos equipos llegaron a la final.

Era la primera vez en casi diez años, que un equipo de futbol llegaba a esa altura de un torneo y la primera en la historia de la empresa con un equipo de futbol femenil. El dueño de la empresa no cabía en elogios para mi "atinado sistema de motivación" y no escatimó en la adquisición de los uniformes, con todo y zapatos, para ambos equipos.

Los dos equipos perdieron el partido final y quedaron subcampeones. ¡Ah! por cierto, el equipo femenil recibió, además, un trofeo por ser el equipo más constante y puntual de la liga.

Si usted sintió un ligero atisbo de decepción en el párrafo anterior, entonces logré expresar mi sensación de aquel entonces.

Hoy mi conclusión es que debí dejar los zapatos para cuando se coronaran campeones.

La organización en la que acababa de ingresar apenas un par de meses antes; tenía un serio problema de grafiti en los baños, tanto de hombres como de mujeres. Era una empresa mediana de apenas 120 trabajadores. Mi estrategia fue realizar pláticas de concientización con todo el personal y solicité que se pintaran y arreglaran los baños para que la gente "supiera" cómo debían de conservarlos.

A la semana de las pláticas y reparaciones empezaron a aparecer los primeros gráficos, inscripciones, mensajes, sugerencias y hasta poesía erótica, debidamente ilustrada. De nada habían servido las desveladas y horas dedicadas para las pláticas de concientización; no profundizaré en el desperdicio que implicaba para la dirección general el gasto realizado para la reparación de los baños.

En medio de mi frustración y desencanto por la "clase obrera"; detecté que los tableros informativos, recientemente instalados y con información nueva, también empezaban a ser objeto del vandalismo organizacional. Mi desagrado fue tal, que dediqué más de cuatro horas a revisar los videos de seguridad, hasta encontrar las imágenes del momento en que dos trabajadores extraían la información de los tableros informativos.

Tenía la evidencia suficiente para demostrar que habían "atentado" en contra de la propiedad de la empresa. Sabía que podía aplicar una acción disciplinaria severa, y que, si se ponían agresivos, hasta con posibilidades de una rescisión de contrato.

Elaboramos las actas administrativas correspondientes y un par de avisos por cinco días de castigo sin goce de sueldo. Mientras esperaba en mi oficina a que llegaran escoltados por el supervisor, el cual me serviría como testigo del proceso; una idea se formó en mi mente: Debía aprovechar estos "justos, para que pagaran los pecadores".

Cuando llegaron el par de trabajadores, tenía muy claro lo que iba a hacer: Les presentaría las actas administrativas; reforzaría que contaba con la evidencia de su mala acción grabada en video, y que debían sentirse agradecidos de que no aplicara la ley con toda la fuerza posible.

Una vez que aceptaran el castigo impuesto; les presentaría otra alternativa: Les cambiaría los días de castigo sin goce, por su trabajo para volver a pintar y arreglar los baños; uno se encargaría del de los hombres y otro del de las mujeres.

El trabajo se realizaría al final de su turno o en un fin de semana; es decir fuera de su jornada normal de trabajo. Si aceptaban; entonces les ofrecería otra alternativa: Si cada uno de ellos señalaba a una persona como responsable del grafiti; les liberaba del castigo y destruiría las actas administrativas.

Todo funcionó como lo imaginé, llegamos al punto de "señala a un grafitero". – ¿Sea hombre o mujer? –dijo uno de ellos. –Si le digo el nombre, ¿Les va a decir quién le chismeó? –dijo el otro. Les respondí que yo no diría nada, pero que no metería las manos al fuego ni por ellos mismos, ni por el supervisor que estaba presente.

187

Los trabajadores repararon los daños y pintaron los baños. Prefirieron hacerlo juntos, "para terminar más rápido".

En los tres años que permanecí en esa organización, no se volvió a tener problemas de grafiti.

Preguntas de aplicación personal

¿Hacia qué extremo tiendes a moverte?

|_____|_____|_____|

Premio   Castigo

Ahora que conoces este modelo ¿qué puedes hacer diferente?

¿Existe congruencia en la vivencia de los valores organizacionales?

¿Te consideras un ejemplo en la vivencia de los valores?

¿Cómo calificarías (1 al 10) el entorno de cumplimiento y motivación en tu lugar de trabajo?

¿Qué puedes hacer para promover el equilibrio entre el premio y el castigo en tu área de trabajo?

¿De qué manera se vinculan los reconocimientos con los valores en tu organización?

PERTENENCIA Y PROPIEDAD. El equilibrio entre Soltar y Controlar

- *"Necesito gente que se adueñe de los procesos y que no tenga que estarlo cuidando, que me permita enfocarme en aspectos estratégicos. Que pueda dejarlos solos con la confianza de que se hará el trabajo"-*. Me decía un coachee director de una importante empresa. Su necesidad no es diferente a la de muchos empresarios y ejecutivos de la actualidad.

El equilibrio entre soltar y controlar contribuye a generar una cultura de adueñamiento, fomenta la pertenencia y libera el potencial de los miembros con talento dentro de las organizaciones.

Pertenencia y Propiedad

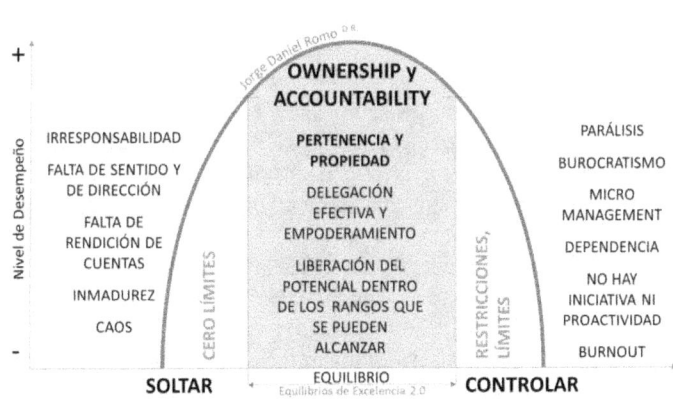

Suena maravilloso ¿no es cierto? Entonces por qué es tan difícil lograrlo y cada día los ejecutivos se preocupan por la falta "ownership[62]" y del "Accountability[63]" de su gente.

¿Qué responderías si te digo que la mayoría de las personas ingresan a una organización con la intención de ser parte importante de ella, de adueñarse de su función al 100% y dar resultados?

Probablemente tu respuesta sería - *¿y por qué no lo hacen?* - La gran mayoría de los casos es porque algo o alguien en la organización se los impide.

☐ El "algo" más común que se los impide es que desconocen *cómo* hacerlo en las condiciones y restricciones de la organización.

☐ El "alguien" normalmente es su **jefe directo**.

Imagina lo siguiente: Una persona capaz, inteligente, joven y con un alto potencial ingresa a una organización; la cual se caracteriza por ser altamente controladora y

---

[62] En inglés Ownership cuya traducción directa es pertenencia o propiedad; se utiliza para expresar la actitud de un empleado que se siente parte de la organización y se adueña de su papel para dar resultados. En algunas empresas se promueve que los empleados sean accionistas de la empresa y con ello el adueñamiento sea real y tangible.

[63] Hasta hora el concepto de accountability generalmente se traduce al castellano como rendición de cuentas.

Según el diccionario, el término en inglés se traduce literalmente como responsabilidad, sin embargo, tiene connotaciones que sobrepasan dicha función. De hecho, como ha ocurrido con términos como marketing y stakeholder, todavía no hay consenso suficiente para la traducción de accountability, razón por la cual se ha optado por mantener el término.

desconfiada. Su jefe, con casi 30 años de experiencia en el ramo, es el clásico ejemplo de quien creció desde abajo y que piensa que para que algo se haga bien lo tiene qué hacer él mismo; de hecho, él se encarga de lo importante y lo básico se los deja a los "muchachillos" que le manda el departamento de personal (en realidad el departamento es Talento y Desarrollo; pero él le sigue llamando como se le decía hace décadas).

¿Cuánto tiempo consideras que durará ese joven, capaz, inteligente y con alto potencial en una empresa así y con un jefe como ese?

Esa es la causa de un buen porcentaje de las renuncias voluntarias de jóvenes que enfrentan las organizaciones actuales.

El extremo de soltar.

En el capítulo del *equilibrio del entorno de cumplimiento y motivación*, mencionamos la importancia del *on boarding*, es decir el acompañamiento más allá de la orientación o inducción a la empresa; en el extremo de soltar, sucede precisamente eso: *soltamos* a la gente que llega a la organización, o a la que acaba de ser promovida, en un "mar" de políticas y restricciones desconocido para ellos sin "salvavidas". Sobreviven los más fuertes; pero la mayoría se cansan de nadar y renuncian.

El problema es que "mientras se cansan de nadar"; al soltarlos, ellos hacen cosas, muchas veces con la mejor de las intenciones; más, como no tienen dirección o un acompañante que los oriente, se generan situaciones como:

- No hay límites, ni restricciones (ya sea porque las desconocen o aprovechan la falta de claridad).
- Se sabe cuándo inicia, pero no cuándo termina (se aprovecha la falta de definición de la urgencia y de la importancia).
- No hay rendición de cuentas, si se le ha dejado solo ¿a quién tiene que hacerlo si su jefe "siempre está ocupado"?
- Las consecuencias se presentan sin anticiparlas. Sí, los jóvenes tienen capacidad y potencial; lo que les falta es experiencia.
- Sentimiento de falta de dirección o del sentido de las cosas. La falta de un guía es la causa.
- La irresponsabilidad, como consecuencia de la falta de claridad de lo que se espera de su desempeño. Incluso muchas veces asumen responsabilidades que no les correspondían y dejan de lado las que sí.
- El aprendizaje es opcional, algunos lo aprovechan; otros lo descartan por no tener sentido para ellos.
- Falta de crecimiento y la generación de actitudes inmaduras, en ocasiones como pruebas para conocer sus límites y alcances. Una posición

común en muchas organizaciones es "ya deberías saberlo, a mí nadie me lo dijo".

Puede ser que la/el líder no los soltó o dejó sueltos; sino que ellos se soltaron por sí mismos... para el extremo de soltar, vale lo mismo. Si a un padre o una madre se le suelta su hijo de tres años de la mano ¿qué hay que hacer?... exacto; es algo parecido, por supuesto con las debidas proporciones.

Un empresario se quejaba de que su hijo primogénito no estaba a la altura que se requería para incluirlo en la empresa. Le preocupaba que no asumiera la responsabilidad que por derecho le correspondía.

Al preguntarle acerca de los estudios de su hijo; mencionó que había ya cambiado en dos ocasiones de licenciatura y en ese momento estaba tomando "un año sabático", para ordenar sus ideas.

Al preguntarle acerca de la forma en que recibía dinero para sus gastos; el empresario de manera por demás natural mencionó que le depositaba cinco mil pesos por semana. El joven no tenía que rendirle cuentas de lo que hacía con el dinero que recibía.

Al recomendarle al empresario que estableciera un esquema de reportes semanales de su hijo hacia él, con el fin de que entendiera que el dinero que recibía no era "gratis"; el empresario descalificó la idea de inmediato.

Le pregunté cómo había él logrado construir su empresa. Respondió con orgullo y enorme satisfacción: "Con mucho esfuerzo y sacrificio". Le recomendé que le permitiera a su hijo al menos ganarse su "domingo" con un poco de esfuerzo y un poquito sacrificio. La mirada del empresario se iluminó y expresó su comprensión de lo que tenía que hacer.

El extremo del control

El entorno de incertidumbre en el que vivimos incrementa la necesidad de control. Es muy común que, en el afán del control, perdamos de vista los demás elementos del proceso administrativo: por controlar descuidamos la planeación, la organización y la ejecución. Nos enfocamos en verificar para corregir y encontrar a los culpables; en lugar de enfocar las energías en mejorar aquello que genera, de origen, el resultado.

Veamos el caso del joven capaz, inteligente y con alto potencial que llega a la organización; solo que ahora lo controlaremos en exceso. *¿A qué hora llegaste? ¿Qué estás haciendo? ¿Con quién estabas? ¿A dónde fuiste? ¿Por qué te tardaste? ¡Te quiero en mi oficina en un minuto! Antes de enviarlo quiero verlo. ¿Ya terminaste?*

Cámbiale el color. Quítale el margen. Quiero que diga exactamente lo siguiente... Y más, mucho más.

El control es importante, permite regular, verificar, corregir y retroalimentar. Llevado al exceso genera:

- Parálisis.
- Burocratismo[64].
- Dependencia.
- La gente informa lo que se espera de ellos... no más.
- No hay movimiento sin instrucción previa.
- No existe iniciativa ni proactividad.
- Sensación de acoso o "acechamiento".
- Síndrome del "hermano mayor" (*siempre está ahí para cuidarme y ver lo que está mal, yo no tengo por qué preocuparme*).
- Se aplica el micromanagement[65].

---

[64] Aparte de la ineficiencia administrativa, la consecuencia más palpable del burocratismo es el inevitable distanciamiento entre las personas y los organismos administrativos ya sean estos organismos pertenecientes a estados, empresas o cualquier otro tipo de organización.

[65] El micromanagement es un método de gestión laboral en el que se ejerce un control excesivo sobre las personas que conforman los diferentes equipos de un negocio, proyecto o empresa. Para más información consulta el artículo ¿QUÉ ES EL MICROMANAGEMENT Y CUÁLES SON SUS PELIGROS? https://acortar.link/tRs9WW

- Síndrome de Burnout[66], la persona "se funde" ante el exceso de control.

Si utilizamos la analogía del *mar*; en nuestro afán de que nuestro colaborador no se ahogue, terminamos estrangulándolo.

Durante un recorrido por las instalaciones de una empresa mediana, el dueño de la empresa dirigía sendas órdenes a diestra y siniestra.

– ¡Ya les he dicho que no me dejen esto a medias! ¡Cuántas veces tengo que repetirles que no me revuelvan los pedidos! ¡¿Pues qué no ves el papel tirado?! ¡Limpia esa mancha de la máquina inmediatamente! ¡¿Por qué no han terminado de cargar el tráiler?! ¡¿Ahora usted de dónde viene a esta hora?! ¡Ya no es hora de comida! ¡A ver supervisor, pues cómo demonios tienes el rol del personal! – Y así durante casi 40 minutos.

Al regresar a su oficina le comenté que me parecía que gritaba igual de fuerte por un papel

---

[66] El Síndrome de Burnout, también conocido como síndrome de aniquilamiento, síndrome de estar quemado, síndrome de desmoralización o síndrome de agotamiento emocional o profesional es considerado por la Organización Mundial de la Salud como una enfermedad laboral que provoca detrimento en la salud física y mental de los individuos

tirado que por un reclamo de un cliente, y que eso podía confundir a su gente, pues por recoger el papel, o limpiar la mancha de la máquina, podían dejar en segundo término la carga de un tráiler y fallar en la entrega.

No le hizo mucha gracia mi comentario, más comprendió el sentido y realizó modificaciones que han significado un cambio importante en la mejora de su organización.

Al realizar un diagnóstico en una fábrica de muebles, pregunté a uno de los responsables de área si ejecutaban auditorías de seguridad, orden y limpieza de manera periódica. Él, con mucho orgullo, me contestó que se realizaban diariamente, incluso los domingos que no se trabajaba. Eso me pareció sorprendente y le solicité que me mostrará los reportes de la última semana. Fuimos a su oficina, abrió un gabinete repleto de carpetas y extrajo una que estaba encima de los demás debido a que ya no había espacio suficiente.

Al revisar los reportes no podía creer lo que aparecía en los que correspondían al domingo: contenían la fecha, el nombre de quien realizó la auditoría, y la leyenda "sin novedad por ser domingo", todo lo demás estaba en blanco. Al preguntarle qué hacía con esos reportes, su respuesta fue cómoda y natural "los archivo en ese gabinete, y cuando me los piden, como usted, se los muestro". Era evidente para mí que no tenía caso realizar una auditoría los domingos, al menos no equivalente a los de entre semana y mucho menos un reporte así; más en esa organización lo importante era la tarea, no el resultado.

Elementos para la delegación efectiva y el empoderamiento.

¿Cómo saber cuándo y qué tanto soltar? ¿Cómo saber cuánto controlar?

Esas son las preguntas clave que la/el *Líder de líderes* se hace continuamente con cada una de las personas a su cargo. Hacerlo bien es la clave del *equilibrio entre soltar y controlar.*

Cada persona es diferente. Algunas requieren más control que otros. Algunos los puedes soltar y olvidarte de ellos, sabes que regresarán a rendirte cuentas con los resultados obtenidos, a otros se quiere mantenerlos sujetos a un cordón imaginario y *soltar-jalar-soltar-jalar-soltar…* hasta lograr el resultado.

La/el *Líder de líderes* identifica la necesidad de control o de soltar de cada persona. Sabe que, si se equivoca, soltando al que necesita control, se ahoga; controlando al que necesita soltar, lo estrangula.

Ese conocimiento le permite delegar la tarea adecuada para la persona correcta, no se trata de descargar trabajo, sino de asignar actividades que generen valor para cada persona. Las va enseñando a nadar en el estilo, ritmo y sentido correctos. Las va preparando para irlas soltando cada día más, hasta que pueda dejarlos sueltos y sigan generando los resultados.

Los va formando no solo para ejecutar tareas; sino que va adicionando cargas adecuadas de responsabilidad según la capacidad y potencial de cada persona. Empodera y genera espacios para que cada persona libere su propio potencial.

Define rangos de actuación, influencia y responsabilidad y, a medida que demuestran que pueden gestionar ese espacio, lo amplía para que vaya creciendo y adueñándose poco a poco de áreas más amplias y diversas.

La/el *Líder de líderes* acompaña, guía, muestra y corrige en su proceso de crecimiento dentro de la organización. Detecta las fortalezas y las debilidades en la gestión de cada colaborador. Aprovecha y potencia las fortalezas, generando satisfacción. Identifica las restricciones de las debilidades y plantea alternativas para compensarlas o disminuirlas.

Cuando la persona ha dominado el *mar* en que se encontraba, la/el *Líder de líderes* le ayuda a encontrar otro *mar diferente* en la misma organización; al hacerlo habrá que volver a plantear las preguntas:

¿Cuándo y qué tanto soltar? ¿Cuánto controlar?

En la organización de un evento muy importante, en la que estaba involucrada la visita del presidente de la república a las instalaciones de la empresa a la que pertenecí por algunos años; me fue asignada la producción de un globo de 3 metros de diámetro con el logotipo impreso, luz interior y que se colocara entre los dos edificios que conformaban las instalaciones. Por supuesto, me di a la tarea de localizar proveedores que cumplieran con los requerimientos. Seleccioné a la mejor opción de precio, calidad y tiempo de entrega.

Dos semanas antes del evento, en una de las reuniones de seguimiento, me preguntó mi jefe directo cómo iba la producción del globo. Muy orgulloso de mi avance, reporté que la producción estaba en proceso y que había revisado personalmente el cumplimiento de la imagen corporativa. Mi jefe se mostró complacido y expresó emocionado – ¡Ya me lo imagino en la noche flotando entre los dos edificios! –Sentí que la tierra se abría y me tragaba ¡el globo de tres metros de diámetro que se estaba fabricando NO flotaba! ¡Era sólo un inflable que se colocaría en el techo de un túnel que enlazaba los dos edificios!

Al explicar que no había conseguido un globo de tres metros de diámetro que flotara, que cumplieran las características mencionadas y con el presupuesto asignado; mi jefe se enrojeció y empezó a respirar con fuerza para contener su enojo. Expresé en diferentes formas que no habíamos puesto en los requerimientos que el globo se elevara del piso, que eso era un globo aerostático, no un globo promocional; a lo que él expresó como un tronido – ¡¿En qué cabeza cabe que un globo no vuele!? –Yo estaba al punto del colapso nervioso.

El director general me miró fijamente y dijo – Daniel ¿hay manera de solucionarlo? Recuerda que no podemos gastar más de lo asignado en el presupuesto ¿Es posible que tu proveedor realice un globo que vuele, aunque sea de menos de 3 metros de diámetro? – Yo no lo sabía, pero claro que haría hasta lo imposible para que así fuera.

Mi jefe interrumpió mi respuesta y dirigiéndose al director general, solicitó que se me quitara la asignación de esa tarea, que ya no tenía caso que yo siguiera como responsable de algo que no había entendido desde un principio, que él personalmente se encargaría de resolverlo. El director general respondió que no, que ya había quedado clara la expectativa y que yo tenía el contacto con el proveedor. Era mi responsabilidad, y mi error; yo tenía que resolverlo. Además, ya todos tenían tareas asignadas y el tiempo se acortaba.

Fui el primero en salir de la reunión, llamé al proveedor, le expliqué la situación y, de la manera más profesional me dijo que ya se tenía casi un 50% cosido del globo-inflable y el cien por ciento del material cortado; pero que fuera a sus instalaciones a revisar qué se podía hacer. Estaba a punto de salir cuando la compradora con más experiencia se me acercó y me dijo que su jefe le había solicitado que me apoyara.

Fuimos juntos a la fábrica de globos e inflables. Me dejó conducir la negociación y sólo participó con un par de señalamientos de tipo contractual cuando el proveedor presentaba alguna objeción. Al salir, las dos partes nos sentimos satisfechos, se había logrado aprovechar el material, que ya había sido pagado, para la fabricación de dos inflables de menor tamaño, con luz interna y con logotipos de la compañía. El precio total disminuyó con un porcentaje suficiente para la renta con otro proveedor de un globo que pudiera elevarse. El globo que se consiguió, y que fue elegido por mi jefe, era de 1.8 metros de diámetro, con luz interna y en el cual se colocó el logotipo de la compañía.

El día del evento, se contaba con dos inflables colocados en los jardines de la empresa y un globo que flotaba entre y arriba de los dos edificios que, efectivamente, se veía genial en la noche.

Esa ha sido mi mejor experiencia de empoderamiento, y al mismo tiempo, la mejor danza entre los esfuerzos por soltar y controlar a un pobre ingeniero que no se le ocurrió que los globos deben volar.

Preguntas de aplicación personal

¿Hacia qué extremo tiendes a moverte?

|_____|_____|_____|

Soltar   Controlar

Ahora que conoces este modelo ¿qué puedes hacer diferente?

¿Cómo liberas el potencial de la gente a tu cargo?

¿Te has equivocado al Soltar - Controlar? ¿Cuál fue la consecuencia?

¿Cómo calificarías (1 al 10) la pertenencia y propiedad del personal en tu lugar de trabajo?

¿El programa de inducción u orientación para el nuevo personal genera claridad de lo que se espera de las personas que recién ingresan?

¿De qué forma se acompaña durante las primeras semanas a las personas de nuevo ingreso en tu organización?

¿Qué puedes hacer para mejorar la delegación con tu gente?

¿Cómo empoderas a tu personal?

RESPETO. El equilibrio entre Confianza y Temor

El respeto es un valor fundamental para la *bienvivencia* en cualquier relación y cultura organizacional. El respeto es un valor muy especial, ya que se equilibra de aspectos que en sí mismos constituyen un caso de estudio particular: la confianza y el temor.

Respeto

Empecemos por la **confianza en exceso**.

Cuando la confianza excede los límites "normales" para la *bienvivencia*; se desvirtúa en conductas que, normalmente, resultan agresivas para la persona a la que le prodigamos tanta confianza. Es común observar expresiones que, escudándose en la confianza, desvaloran o menosprecian a la persona que *"goza de su confianza"* Se pierde la cautela en el trato y se "suelta" lo que se siente y como salga (un *verdadazo*), al fin y al cabo la otra persona lo perdonará todo.

Cuando la confianza rebasa los niveles "sanos" de la relación, es porque se sabe demasiado de la otra persona; no hay secretos entre ellos. Incluso el misterio que envuelve a las personas, aquello que las hace interesantes, y que fue por lo que se acercaron la primera vez; se ha perdido en el camino de la confianza.

Las personas que se prodigan tanta confianza terminan siendo transparentes para el otro. A veces es esta transparencia la que hace que una pequeña mancha se note demasiado; provocando una reacción exagerada por la "confianza traicionada". En otros casos, esta trasparencia termina haciéndolos invisibles uno del otro.

Confían tanto que ya no se esfuerzan por profundizar en el conocimiento de la otra persona. Se han creado una idea fija de cómo eran y, con el paso del tiempo, no aceptan los cambios que se dan, de manera natural o provocados, en la otra persona; esto afecta su relación y por consecuencia la *bienvivencia*.

Comportamientos como el acoso escolar o el acoso laboral, en muchas ocasiones son producto del abuso de confianza. La denominada "carrilla[67]" o burlas entre

---

[67] En México es una palabra que se usa en la locución *hacer carrilla*, que significa hacer bromas pesadas a una persona.

compañeros son ejemplos en los que la confianza se ha degenerado.

Expresiones sarcásticas, críticas o juicios, también se presentan en este extremo; en especial cuando la persona que los utiliza se excusa con frases como *"perdóname, no pensé que te fuera a incomodar"*, demostrando que esperaba que, por la confianza que se tienen, la otra persona aceptara sus comentarios sin reaccionar.

El exceso de confianza nubla la razón y la objetividad; esta es la razón por la que un gran porcentaje de las empresas familiares fracasan. En dichas empresas es conveniente, en la medida de lo posible, establecer la política de que un familiar no debe reportar directamente a otro en la estructura organizacional.

Cuando un jefe tiene entre sus colaboradores a su pareja sentimental, inevitablemente generará conflictos en la relación, tanto laboral como sentimental. Las "olas" que se generan entre los colaboradores o en quienes presencian la interacción matizada por la confianza excesiva, producen incomodidad y afectan principalmente la imagen de la persona de mayor jerarquía.

Es común que el exceso de confianza limite el desempeño objetivo y profesional de un jefe. Cuando el jefe ha sido promovido y sus, antes colegas, ahora colaboradores (subordinados) buscan que su trato se mantenga igual que antes, generando reclamos cuando el nuevo jefe aplica su autoridad para corregir el desempeño.

Por la relación y extrema confianza se generan comportamientos sobre proteccionistas, se perdonan errores y se espera una retribución en proporción, lo cual conduce al favoritismo[68].

Cuando una persona recién promovida me comenta que *"tiene miedo de que se le suba el puesto y pierda a sus amigos"*; le contesto que, si no se le sube, el puesto no es para ella/él. Por supuesto que debe haber cambios en su manera de comportarse. Le han subido la responsabilidad; la exigencia ha aumentado, ahora debe dar resultados con su gente; su autoridad ha aumentado y, en la mayoría de los casos, su remuneración también aumentó. Por eso, es normal que se le suba; si los otros no son capaces de entenderlo, habrá que explicárselos con claridad, oportunamente y respetuosamente.

La pérdida del respeto hacia la autoridad es el primer síntoma de que la confianza ha sobrepasado el nivel adecuado para la *bienvivencia*.

Es claro que hay personas capaces de mantener la confianza en un nivel adecuado para la convivencia productiva, aún en relaciones familiares o de amistad muy cercanas; pero en la práctica son la excepción y no la regla.

---

[68] Favoritismo laboral se entiende como las acciones que favorecen a alguna persona en particular y, directa o indirectamente, perjudica a otros.

La/el **Líder de líderes** es cauteloso ante la posibilidad de que, por el exceso de confianza, se pierda la objetividad y congruencia en su trato con los demás. Advierte los riesgos y establece acciones para evitar caer en este extremo.

La pequeña empresa de artículos acuáticos era un caos. Los procesos y procedimientos de trabajo, establecidos en un proceso de consultoría organizacional años antes, eran obsoletos y los que podían estar vigentes no se cumplían.

El dueño solicitó que realizáramos un nuevo proceso de consultoría ya que el número de errores y pérdidas eran insostenibles, las quejas de los clientes eran casi por cada entrega y estaba cansado y desgastado de esa situación.

Le pedimos tres días para realizar un diagnóstico de la situación actual de la empresa y poder presentarle una propuesta que garantizara el éxito y evitar que sucediera lo mismo que con la anterior intervención.

El resultado no fue de su agrado, incluso le resultó confrontativo y doloroso a nivel personal.

Entre las conclusiones del diagnóstico se encontraba que las líneas de autoridad y responsabilidad estaban rotas o eran ineficaces;

el personal actuaba por conveniencia o por afinidad a él o a su esposa, quien era la directora administrativa. La mayoría de los empleados eran familiares de ella y abusaban del resto de los trabajadores que no eran de la familia. Los familiares gozaban de privilegios, tanto en condiciones de trabajo, como en sus remuneraciones. Cuando alguno de ellos cometía un error, tanto el dueño como la esposa lo pasaban por alto (o al menos esa era la percepción de los demás trabajadores) y si un empleado ajeno a la familia cometía un error, lo pagaba en tiempo, trabajo, dinero o su empleo.

Había numerosos ejemplos recientes como para que no fuera verdad; incluso al hablar con un par de los clientes principales, ambos dijeron que para que les surtieran en tiempo y forma, debían de pedirlo directamente a la esposa del dueño, ya que, si lo hacían por los canales formales, o incluso al mismo dueño, lo más seguro es que algo saliera mal.

El dueño recibió el diagnóstico y su expresión era dura y de suma preocupación. – Ya lo sabía, más no esperaba que me lo dijeran de una forma tan cruda-. Expresó al final del diagnóstico y, si bien escuchó con atención la propuesta de intervención y nuestras recomendaciones para iniciar en un proceso de alineación y redefinición de funciones, responsabilidades y jerarquías con su esposa y los familiares; era evidente que había sido muy doloroso para él.

Cubrió nuestros honorarios por el diagnóstico, mismos que se abonarían en caso de que aceptara la propuesta de consultoría, y acordamos ponernos en contacto en un par de semanas, una vez que hablara con su esposa y estuvieran de acuerdo con la intervención organizacional.

No pudimos tener contacto con él en casi cuatro meses.

Cuando por fin lo contactamos nos agradeció el interés y el seguimiento, más se encontraba en proceso de separación y que el negocio se quedaría a manos de la esposa; que el viajaría al extranjero y empezaría desde cero. Con la esposa no fue posible tener una comunicación para plantearle nuestros servicios.

Ese fue uno de los negocios que desaparecieron durante la Pandemia de COVID-19.

El otro extremo de este equilibrio es el **temor**; el cual se genera, normalmente, por un estilo de liderazgo autoritario; el cual, a su vez, se caracteriza por los excesos en la aplicación de la disciplina, el control y los castigos; sume todos ellos y de seguro le generará temor al imaginar a una persona con todos esos extremos y, si esa persona es su jefe, lo que sentirá posiblemente sea terror.

Este extremo es producto de la naturaleza humana más primitiva, es decir, de la parte animal que tenemos los humanos.

Ser autoritario es fácil, no se requiere prepararse para inspirar temor en los demás, aunque claro que es posible especializarse en ello.

El temor es una emoción de tipo causa-efecto. Cuando una persona se siente amenazada (siente miedo o temor por algo o alguien); su instinto animal le hace reaccionar, el resultado puede ser paralizarse, huir o atacar (para provocar, a su vez temor en el otro). Es común que las personas más temidas en las organizaciones se han hecho agresivas como producto de haber aprendido a atacar primero para evitar ser lastimadas.

La paradoja es que una gran mayoría de las personas que utilizan el temor como estrategia de dominio sobre los demás, tienden a ser, al mismo tiempo, sobre protectoras y paternales (o maternales). Por ello se generan entornos de inequidad y proteccionismo, que son aprovechados por algunos hábiles miembros de la organización.

En un entorno de temor en exceso, la organización gira alrededor del individuo más temido. Se cuida aquello que puede generar la agresión; pero se ignora lo que no; esto hace que la organización no aproveche los talentos, capacidades y potenciales de los miembros. De hecho, si algún miembro se considera una amenaza, es suprimido o eliminado de manera definitiva y permanente. A continuación, algunas afirmaciones de este peligroso extremo:

- El temor es una barrera que nubla el conocimiento y el aprendizaje organizacional.

- El sujeto que es temido se mantiene en la pirámide organizacional a través de la sobre protección de personas elegidas por él mismo, las cuales son conservadas en tanto no representen una amenaza.

- Aquel que es percibido como amenaza, es eliminado.

- El acto de producir temor se nutre del temor que se siente ante una amenaza (no significa que la amenaza sea real).

- La práctica de inspirar temor se replica y reproduce en todos los niveles de la organización.

- La dinámica de una organización en donde el temor es la premisa de actuación se retroalimenta consistentemente y se vuelve dura e inflexible.

- La única forma de transformar a una organización con una cultura basada en el temor es de arriba hacia abajo.

- Erradicar el temor excesivo en una organización, es un proceso largo y doloroso en la mayoría de las ocasiones.

Cuando la/el *Líder de líderes* identifica que la cultura de una organización está basada en el temor, trabaja intensamente para balancear el ambiente a través de la generación de confianza y fortaleciendo en cada interacción el respeto.

Identificar a las y los líderes que promueven el temor en la organización es fundamental. Establecer acciones de mejora para lograr el equilibrio, puede ser un camino largo y sinuoso.

Durante la adquisición de un corporativo a la empresa en la que me desempeñaba como responsable del desarrollo organizacional; tuve la oportunidad de compartir la filosofía de la empresa con otra empresa, ahora hermana, del corporativo que nos había comprado. Se decidió que fuera nuestra filosofía la que se inculcara a los nuevos colegas, principalmente porque era más sólida y los resultados demostraban que se habían adaptado mucho mejor a los hábitos y costumbres locales.

Por supuesto que los directivos de la empresa hermana, los cuales pertenecían al corporativo que nos había adquirido, no les agradaba que "los conquistados, educaran a los conquistadores".

La filosofía de la empresa era simple pero poderosa: Valores bien definidos y enlazados a las prácticas de la organización; objetivos definidos, medidos y compartidos con todo el personal. El enfoque en la calidad, la productividad, la seguridad, el cumplimiento con los clientes y colaboradores, era sin lugar a duda un ejemplo poderoso de alineación. Pero lo fundamental era el equilibrio que se vivía día a día en un ambiente de respeto en todos los niveles de la empresa.

Durante la inducción a los directivos, sus expresiones de incredulidad, escepticismo y total desacuerdo; fueron un reto importante para quienes participamos en el proceso. Por mi posición y manejo del inglés, fue mi responsabilidad impartir un módulo especial, tipo resumen ejecutivo, al director general de la empresa. Se notaba que hacía un esfuerzo importante por no expulsarme de su oficina. En un par de ocasiones detuvo la sesión para dar sendas órdenes a su secretaria y a un par de supervisores que se atrevieron a acercarse a la oficina. Fue una sesión de sólo un par de horas; pero la sensación de eternidad seguramente ambos la sufrimos.

Al salir de la oficina observé con detenimiento a las personas de la organización. La mayoría con expresiones de temor, encorvados y sin brillo en sus ojos. En el área de producción se escuchaba demasiado ruido para tratarse de una empresa de ensamble de artículos electrónicos. La gente literalmente aventaba los ensambles a la banda transportadora, que a medida que avanzaba, el producto tomaba forma; con lo cual el ruido al final de las líneas de producción era más fuerte. Los supervisores manoteaban y proferían amenazas a diestra y siniestra. Cuando pensé que había visto todo; escuché un grito colérico por encima de mi cabeza, se trataba del gerente de producción, el cual había salido de la sala en la que uno de mis colegas "conquistados", les estaba impartiendo la filosofía de la empresa. El gerente se percató de mi presencia y me dirigió la mirada más fulminante que he recibido de un "compañero" de trabajo. Se dio la media vuelta y volvió a entrar a la sala. Un par de supervisores se acercaron y me rogaron que los cambiara de planta; ya no aguantaban los insultos y agresiones de su gerente, y habían escuchado que en la planta de donde yo venía el ambiente era diferente. Les dije que no dependía de mí, pero que tomaba nota de su solicitud. La pequeña chispa de esperanza en sus ojos se apagó casi de inmediato.

El proceso de adaptación fue complicado, pero, como se dice: "el universo se confabula", y el corporativo decidió dejar de pagar la renta del edificio de la planta de nuestros "conquistadores" y mover las operaciones a uno de los edificios de la planta "conquistada". Cuando lo supe, inmediatamente pensé que el deseo de ese par de supervisores se había convertido en realidad.

El choque de las dos culturas fue menos drástico que lo que se había pronosticado. El que se haya presentado la filosofía apenas unas semanas antes, provocaron que existiera un entusiasmo e interés por comprobar que lo que les habíamos dicho era verdad... y por supuesto que así era.

La participación del director general y el gerente de producción (los conquistadores) en las juntas de staff de la organización conquistada, significaron para ellos un choque, que de seguro fue doloroso; porque ahora se encontraban en un entorno de reglas diferentes. La gente no les temía, ni obedecían ciegamente. Ahora tenían que demostrar con argumentos, hechos y datos, los beneficios de sus propuestas y métodos de trabajo.

Un par de meses después de la integración, en una reunión del grupo de ingeniería y manufactura, el gerente se levantó de la silla y empezó a gritar, reclamando lo que él llamaba "falta de exigencia por parte de los supervisores" y que por eso se tenían resultados mediocres. El director de ingeniería, que era del grupo conquistado; le invitó a tranquilizarse y a que aportara datos concretos que demostraran su afirmación. Como no los tenía, se dio por terminada la reunión y se programó al día siguiente para que tuviera oportunidad de presentarlos. Al salir me acerqué a él y le pregunté si necesitaba ayuda para obtener información de los sistemas para que comparara los resultados. No la aceptó y rechazó tajante mi ofrecimiento. Casi tuve que gritarle que si necesitaba algo me avisara; ya que dio media vuelta y se alejó de prisa, como huyendo de mi presencia.

217

A media mañana del día siguiente, recibí la llamada del gerente de producción, el "conquistador" necesitaba información de los resultados de todas las líneas de producción. Le contesté de la manera más cordial y precisa que pude; le hice saber que tardaría un par de horas en obtener los datos de todas las líneas, por lo que casi no habría tiempo para que él los analizara y realizara la presentación para la junta. Le invité a que viniera a mi área de trabajo y que juntos podríamos definir lo que necesitaba y así les diríamos a un par de mis colaboradores, específicamente qué datos obtener y cómo incluirlos de manera directa en la presentación. Muy a su pesar accedió. Era un hombre joven, inteligente y hábil en el manejo de la estadística. Con los datos más antiguos se preparó una hoja de cálculo, y juntos la automatizamos para que al colocar los datos más recientes generaran las gráficas que él requería. Fue una buena experiencia de trabajo en conjunto. Yo tenía que atender otros asuntos, así que lo dejé con mi gente completando la presentación, y lo vería hasta el momento de la junta con ingeniería y manufactura.

No llegué a la junta para ver su presentación. Los directores generales habían sido notificados que la operación se cerraría definitivamente; por lo que fui requerido para iniciar la estrategia de comunicación, teníamos apenas tres meses para cerrar las puertas de una organización con más de tres mil trabajadores.

El proceso de cierre se inició y las líneas que había sido trasladadas de la empresa original del corporativo fueron las primeras en cerrarse. Los "conquistadores" se fueron primero y al final quedaríamos los "conquistados".

El último día de trabajo del gerente de producción ("conquistador"), entró a mi área de trabajo y se despidió de mi gente, muy en especial de los dos que le habían ayudado a obtener la información de aquella presentación. Al último se acercó a mi lugar de trabajo; se sentó y me miró con sus ojos brillosos y la voz quebrada por la emoción.

–Estos meses con ustedes han sido los más intensos de mi vida. Tú sabes que yo era de los que no estaban de acuerdo en unirnos y no creía en todo lo que ustedes nos dijeron en aquella inducción. Ustedes me demostraron que se podía manejar a la gente de una forma diferente. Me trataron con respeto, a pesar de que yo no los respetaba a ustedes. Confiaron en mí y me hicieron sentir capaz, a pesar de que yo lo que quería era burlarme de sus métodos. – Suspiró profundo, mientras yo lo observaba y no podía atinar a decir una palabra. –Hoy me voy agradecido contigo, con tu gente y con todos. Te pido me perdones si en algún momento te ofendí. –No hay nada que perdonar, -le contesté, -ha sido un honor trabajar contigo en este tiempo. Ojalá y esta experiencia la puedas replicar a donde vayas.

Se levantó me estrechó la mano con fuerza y sinceridad, y se alejó como aquel día al salir de la reunión.

Uno de mis colaboradores se acercó y me dijo "¿fue mi imaginación o quería llorar?".

No volví a tener contacto con él; por las redes sociales sé que se encuentra en Estados Unidos en una empresa de ingeniería de punta. Estoy seguro de que el equilibrio que encontró en aquella empresa fusionada con la suya, le hizo pasar de la zona de temor a la del equilibrio con la confianza en sí mismo y en su gente.

El equilibrio entre la confianza y el temor

Alcanzar el equilibrio entre estos dos extremos, permite la generación de una cultura de respeto y equidad[69].

En el entorno actual, dinámico, cambiante y, especialmente, diverso; el respeto se posiciona *como EL VALOR de valores.*

El respeto promueve la aceptación aún con todas las diferencias.

---

[69] La equidad es un valor que implica justicia e igualdad de oportunidades entre hombres y mujeres respetando la pluralidad de la sociedad.

Respetar permite fortalecer las relaciones sin caer en el abuso de la confianza. Se profundiza en el conocimiento de las personas, sin ser invasivos en su individualidad.

Se mantiene una *distancia-cercana* que permite el acompañamiento cercano, sin caer en el acoso o el hostigamiento.

En especial promueve el trato equitativo al reconocer las fortalezas y debilidades de cada persona.

Hay jefes que, al preguntarles acerca de la forma en que tratan a su gente, su respuesta es *"cómo debe ser: a todos por igual"*. Es un gran error de liderazgo.

La/el *Líder de líderes* reconoce y acepta las diferencias de cada persona y genera condiciones de equidad, no de igualdad.

Tratar a todos por igual significa menospreciar los talentos sobresalientes de las personas. Implica exigir que personas con fortalezas diferentes, sean evaluadas por promedios. Significa no aprovechar las diferencias para alcanzar resultados de excelencia.

Tratar a todos por igual es conformarse con resultados promedio.

La/el *Líder de líderes* persigue la excelencia, aprovecha la diversidad con respeto, asegurando el equilibrio entre el temor y la confianza.

En mis primeros años de matrimonio, intenté enseñar a conducir a quien era mi esposa. El resultado fue catastrófico, a pesar de que el automóvil era de transmisión automática; el temor de que perdiera el control y se lastimara ella, a mi hija primogénita (de apenas un año en aquel entonces), a un tercero y, debo decirlo, que ocasionara daños al automóvil; me impidieron facilitar el proceso para que ella aprendiera a conducir.

Las discusiones generadas durante el proceso hicieron que ella renunciara tajantemente a seguir intentándolo. Mi frustración fue grande ¿Cómo un instructor con la experiencia y resultados que yo tenía había fallado en enseñar a manejar a su esposa? En aquel momento la conclusión fue que ella no era capaz de conducir. Mi justificación fue que ella tenía demasiado miedo y nunca lo controlaría.

Afortunadamente para la relación en aquel momento, y desafortunadamente al mismo tiempo por la implicación económica, el auto fue robado y nunca recuperado; así que pasaron un par de años para que volviera a tener la capacidad económica para adquirir otro automóvil.

Sin embargo; al paso de los años la necesidad de que ella manejara se convirtió en algo imperativo. Me estaba convirtiendo en el "chofer" de la familia; lo cual empezaba a ser una gran limitante para poder cubrir todas las actividades personales, profesionales y familiares.

El temor de reiniciar el proceso para enseñarla a conducir me obligó a realizar un profundo análisis de los aspectos que nos habían limitado unos años antes para alcanzar un resultado satisfactorio.

La verdad que descubrí me dolió profundamente: Yo no confiaba en la capacidad de mi esposa para conducir de manera segura un automóvil. Fue doloroso darme cuenta de que la mujer con la que había decidido formar una familia y que estaba por terminar una maestría; no era, para mí, digna de otorgarle mi confianza para transportar a mis hijas en un auto conducido por ella.

El reconocer que la principal falta de confianza era mía, y que era yo el que tenía más miedo de lo que pudiera suceder en caso de un accidente; me permitió definir un proceso de Soltar y Controlar, con el fin de facilitar el proceso para que mi ella aprendiera a manejar y obtuviera, sin concesión alguna, su licencia de manejo.

El proceso no estuvo libre de momentos de indecisión y temor de su parte, más como yo me encontraba en equilibrio entre la confianza que le tenía y el temor que sentía de las consecuencias de un incidente; pude facilitar el proceso y rápidamente ella adquirió la confianza en sí misma y logró equilibrar el temor natural para conducir un auto.

Esta experiencia personal, me permitió identificar oportunidades importantes en mi papel como supervisor y también como facilitador de procesos de aprendizaje.

Lograr el equilibrio entre la confianza y el temor, es fundamental para alcanzar la excelencia en la gestión de personal.

Preguntas de aplicación personal

¿Hacia qué extremo tiendes a moverte?

|_____|_____|_____|

Confianza   Temor

Ahora que conoces este modelo ¿qué puedes hacer diferente?

¿Cómo aprovechas el talento de la gente a tu cargo?

¿Tu trato es igualitario o equitativo?

¿Cómo calificarías (1 al 10) el respeto en tu lugar de trabajo?

¿Cómo evitas caer en el favoritismo o en la sobre protección de las personas que quieres o estimas en el trabajo?

¿De qué manera mantienes el respeto hacia aquellos con los que tienes muchos años de conocer y su relación es muy cercana?

EL LÍDER FACILITADOR DE LA PRODUCTIVIDAD. El equilibrio entre Líder Blando y Líder Duro

La idea de este modelo surgió durante un curso en el que uno de los participantes me pidió que explicara el tema del liderazgo; pero no desde la perspectiva de la teoría, los conceptos y las tendencias de gestión de personal; sino que lo explicara de manera sencilla para él y sus compañeros. Así que en el pizarrón de la sala dibujé el primer borrador del equilibrio de liderazgo. El planteamiento les hizo sentido a los participantes, por lo que lo adopté y he ido perfeccionando con las recomendaciones que he recibido en el camino.

Casi 15 años después el modelo es el siguiente:

La/El Líder Facilitador de la Productividad

El extremo del líder demasiado blando

En la actualidad, las prácticas coercitivas o consideradas de castigo se han estigmatizado y hasta se podría decir que han quedado vedadas como parte de las prácticas aceptables de un "Buen Líder". Esto ha provocado la idea de que aplicar acciones disciplinarias sea inadecuado y que pongan de manifiesto la falta de capacidad del Líder hacia sus colaboradores.

Para muchos líderes el no poder aplicar una acción disciplinaria "a la antigua"; los ha dejado sin "armas" para ejercer su autoridad y lograr el compromiso de los colaboradores incumplidos o "rebeldes". Al verse desprotegidos y por el temor a ser calificados como agresivos, autoritarios o intolerantes; algunos jefes han caído en el extremo de tratar a sus colaboradores en forma demasiado blanda y, con ello, debilitar su efectividad como líder.

Las personas que se encuentran en este extremo se limitan a sí mismas y se niegan a percibir la verdadera naturaleza de la persona que desean liderar. Se obligan a confiar "por sobre todas las cosas" y a otorgar más de una "segunda oportunidad" a quienes no cumplen con las reglas establecidas bajo su liderazgo.

El resultado es que las personas incumplidas les *"toman la medida"*; al no haber consecuencias por su bajo desempeño. Los colaboradores incumplidos comprueban que *"perro que ladra no muerde"*; pues saben por experiencia, que *"la tercera y la vencida"* nunca llegarán.

La/el líder demasiado blando es una persona bien intencionada; cree y confía en *todas* las personas, y ahí es precisamente, en donde radica el problema: *No todas las personas son iguales.*

Otorga los mismos beneficios a una persona cumplida que a la que no lo es. Trata de la misma forma a quienes hacen más de lo que se espera, que a los que hacen lo mínimo necesario. Premian por igual, a través de bonos económicos o en especie, tanto a los colaboradores productivos, positivos y constructivos; como a los ineficientes, negativos y que destruyen lo que otros crearon.

En los casos más extremos, la/el líder demasiado blando ejerce más control a quienes cumplen y se ajustan a lo que les pide; que a aquellos que no lo hacen.

Sea por miedo, consideración, empatía o falta de carácter; el extremo del líder demasiado blando es un peligroso detonador de indolencia, rebeldía y falta de productividad en cualquier organización.

Se convierten en semilleros de agresiones y abuso hacia los que sí cumplen; los cuales, de hecho, día a día serán menos, ya sea porque deciden abandonar la organización, o porque "aprenden" a comportarse como lo hacen los incumplidos.

Al final, la/el líder demasiado blando, se queda sin el respeto de los colaboradores cumplidos, y con el abuso de los incumplidos. Un escenario que mata la posibilidad de lograr la excelencia en los resultados y, en definitiva, no podrá generar nuevos líderes.

La asignación tenía sentido: se requería una persona confiable y leal en un departamento tan lastimado y con un desempeño tan bajo. Había que apostar en el largo plazo y, si bien la persona elegida no era un experto y de hecho requeriría de mucha capacitación, ya anteriormente había demostrado su capacidad de adaptación y aprendizaje.

Lo que no se consideró era que su estilo de liderazgo era demasiado blando.

En solo tres meses las personas de su departamento ya le habían tomado la medida, llegando incluso al extremo de que él, el jefe del departamento era el único que hacía guardias los sábados mientras el resto de sus subordinados trabajaban de lunes a viernes.

Su forma de pedir las cosas era respetuosa, pero sin firmeza y, como no había respeto de parte de sus colaboradores, terminaba él mismo haciendo las tareas.

Estaba solo, sentía que la carga de todo el departamento recaía en él. A pesar del apoyo y respaldo de la dirección, las cosas iban de mal en peor.

Se le indicó que documentara la falta de disposición y colaboración de su gente, que cuando diera una indicación y su gente no cumpliera, realizará una amonestación siguiendo la política de acciones disciplinarias de la empresa. Sin embargo, no se animó a levantar una amonestación a ninguna de las personas a su cargo.

Se trabajó con él para reafirmarlo como jefe y asumiera un rol más firme e hiciera valer su autoridad; sin embargo, no se le daba asumir un papel más enérgico, no era él decía, justificando su comportamiento demasiado blando.

Después de ocho meses de ocupar la posición, se decidió reasignarle funciones y que otra persona, con mayor autoridad y energía, asumiera esa posición. La dirección siguió apostándole con la expectativa de que pronto asuma un comportamiento menos blando y pueda asumir una posición de liderazgo.

El extremo del líder demasiado duro

En el extremo contrario, tenemos a las personas que ejercen el liderazgo como en la "época de las cavernas", quienes aplican la "ley de la selva"; que abusan del poder y cuya herramienta preferida es el miedo, ejercido a través de la agresión directa o indirecta; física o psicológica.

Esta forma de trato a los colaboradores, en un gran porcentaje proviene de la ignorancia: *No se necesita estudiar para ser un líder demasiado duro.*

Este estilo de liderazgo es común en personas inseguras y/o con baja autoestima y que normalmente están a la defensiva. Se sienten "solos contra el mundo". Mantienen los misiles alerta y la espada desenvainada. Su agresividad normalmente es una capa protectora de sus debilidades, reales o imaginarias, y que mantiene en secreto sólo para él mismo o para las personas más allegadas.

En la actualidad, y cada día con más frecuencia, las y los líderes se enfrentan con que sus colaboradores tienen más conocimiento y visión del mundo de lo que ellos tienen. Aspectos como el manejo de la tecnología y apertura a nuevas formas de trabajar implica, para las y los líderes actuales un gran esfuerzo que, en muchas ocasiones, les genera temor e inseguridad.

La/el líder demasiado duro es un ejemplo de comportamientos extremos.

Revisa los extremos del lado derecho de los modelos de los *Equilibrios de Excelencia* y encontrarás, en la mayoría, características, comportamientos y consecuencias comunes en este estilo de liderazgo.

En alguna ocasión leí: "*Si quieres que una persona deje de pensar, ordénaselo*". Esta frase refleja de manera precisa las consecuencias en las personas que rodean a los líderes demasiado duros. Se abstienen de opinar, proponer, aportar.

Las personas que colaboran bajo el liderazgo de un(a) líder demasiado duro, han aprendido que hay que hacer lo que se les ordena y callar. Hacen lo que se les exige; de no hacerlo sufrirán las consecuencias.

La/el líder demasiado duro es intolerante y no perdona, en ocasiones incluso no olvida; así que es casi imposible que otorgue segundas oportunidades. Una vez que alguien ha cometido un error, lo etiquetará de por vida, negándole la posibilidad de demostrar su aprendizaje.

Las personas cercanas a las y los líderes demasiado duros son especialmente elegidas, saben que se les exigirá la máxima lealtad. Si bien son medidos con la misma vara que los demás, puede que cuando cometan algún error podrán "pagarlo" con mayor obediencia y aceptar exigencias de mayor compromiso y abnegación.

Una de las razones por las que el estilo de líder demasiado duro se mantiene vigente, es por la velocidad de reacción que los grupos tienen bajo este tipo de liderazgo. No hay negociación, lluvia de ideas o consensos; simplemente se ejecuta lo que la/el líder dicta. Las limitaciones giran en torno a la capacidad de la o el líder mismo. Esa es la razón por lo que, cuando las organizaciones crecen, este tipo de líder pierde su efectividad.

El tiempo es otro de los enemigos de este estilo de liderazgo, a medida que la edad "pesa" sobre la/el líder demasiado duro, su fuerza disminuye; lo cual deja espacio para que otro asuma el liderazgo. La transición normalmente es dolorosa y hasta trágica, ya que por lo general la/el líder demasiado duro se niega a dejar su lugar al nuevo líder.

Al final, la/el líder duro se queda sólo; aunque se dan muchos casos que conservan cierto poder que atrae gente a su alrededor; será la conveniencia o el interés lo que los mantenga a su lado.

La/el líder demasiado duro sí es un generador de nuevos líderes. Son hechos a su imagen y semejanza, son su legado para la conservación de esta especie de liderazgo. Por eso hay tantos.

En una empresa de manufactura el gerente de producción aceptó la invitación de un grupo de trabajadores para, al final de la jornada del viernes, reunirse en un bar cercano a las instalaciones de la empresa.

El gerente era considerado como estricto y hasta duro; pero se le respetaba por su capacidad técnica y evidente inteligencia. Por su parte el gerente deseaba "suavizar" la relación con la gente y "acercarse" un poco más a ellos.

En el bar las cosas empezaron cordiales y hasta respetuosas; pero a medida que el alcohol afectó los ánimos, y los cerebros, los trabajadores empezaron a realizar bromas acerca de la forma en que el gerente se comportaba en la empresa. El gerente "aguantó" durante algún tiempo las críticas y hasta brindaba por las ocurrencias de los trabajadores.

Al cabo de tres horas el gerente y un par de los trabajadores se encontraban realmente borrachos. Sin que se pudiera identificar con claridad un motivo específico, el gerente agredió a uno de los trabajadores; el trabajador, más fuerte y con más experiencias de pelea; respondió a la agresión y de inmediato tuvo al gerente en el piso. Los trabajadores más lúcidos los separaron y buscaron calmar los ánimos. El gerente, completamente falto de cordura; arremetió con todo el que se le acercaba, amenazó con despedirlos a todos y hasta con conseguir "quien les diera una lección".

Un par de trabajadores lo sacaron del bar y quisieron llevarlo a su casa en el auto de uno de ellos. Sin embargo, dada la agresividad del gerente lo dejaron recargado en la camioneta de éste. Ahí lo dejaron y se fueron a sus casas lamentando profundamente haberlo invitado.

Algunos trabajadores que habían presenciado el incidente laboraban el sábado; por lo que la noticia del incidente se propagó rápidamente por toda la organización. El trabajador que había propinado un par de golpes al gerente no se presentó a trabajar.

El lunes por la mañana, la responsable de recursos humanos habló con el gerente y lo convenció de realizar una reunión para que enfatizara que lo sucedido fuera de la empresa no afectaría su relación dentro de ella. Así se hizo; pero los trabajadores no creyeron en la sinceridad de las palabras expresadas por el gerente.

El trabajador, que había tirado al piso y dado un par de golpes al gerente; no regresó a la empresa a pesar de la insistencia vía telefónica y de la visita que la responsable de RRHH le hizo a su casa para entregarle un saldo económico al que tenía derecho. Era un trabajador con 8 años en la empresa y un experto en los procesos de esta.

El gerente renunció a la empresa seis meses después; sus resultados habían desmerecido considerablemente y el grafiti en los baños indicaba que aquella noche en el bar no se olvidaría fácilmente. Volvió a empezar en otra empresa.

Los Beneficios del Equilibrio entre el liderazgo Blando y el Duro

Facilitador de la Productividad. Esta es la esencia del equilibrio entre estos dos estilos de líderes. Cuando la/el líder logra que sus colaboradores sean productivos, se puede decir que "ha hecho la tarea".

La/el *Facilitador de la Productividad* facilita el camino para que los demás generen resultados. Se mantiene atenta(o) al desempeño y proporciona los recursos para que las cosas sucedan. Su objetivo es que las personas a las que lidera "brillen con luz propia"; ya que su luz estará enfocada hacia sí misma(o). Es un(a) "tramoyista" que se encarga de que el escenario sea perfecto para que los resultados sean dignos de aplauso y admiración.

Inspira Confianza y Respeto. La/el líder que logra equilibrar el extremo de ser blando y el de ser duro; consigue convertirse en la/el Coach/Mentor/Asesor de sus colaboradores. Se convierte en un referente dentro y fuera de la organización. Incluso aquellos a los que, por su bajo desempeño, debió retroalimentar de manera constructiva y corregir su comportamiento, se expresan de manera respetuosa y, si lo requieren, se acercan a consultarle.

Orienta y Conduce. La/el *Facilitador de la Productividad* tendrá la capacidad de "ver más allá de lo evidente"; por esa razón podrá guiar a sus colaboradores a cumplir con sus objetivos y alcanzar grandes logros. El equilibrio le permitirá dar los espacios para que las cosas se realicen en tiempo y forma. Corregirá el rumbo cuando se requiera y anticipará los obstáculos. Es "timonel" y "vigía"; aunque no necesariamente sea ella/él quien está en el timón o en el punto más alto. Utiliza la brújula, o el GPS, con maestría; está atenta(o) a los cambios del entorno y se anticipa a las "tormentas" que se avecinen.

Comunica, Enseña y Apoya. La/el *Facilitador de la Productividad* será capaz de desarrollar nuevos líderes. Su comportamiento, forma de expresión y acciones cotidianas y naturales, sirven de modelo para sus seguidores. Reconoce que siempre está en la "vitrina", en el "pódium"; asume sin pretensiones egoístas su papel de líder, ni se queja de "la carga" que implica serlo; por eso, para los demás es un atractivo y la/lo adoptan como modelo a seguir.

Comparte su conocimiento y experiencia sin reservas. Advierte de los riesgos; evita las tragedias, y permite los "tropezones" para que sus colaboradores aprendan de la propia experiencia, sin poner en riesgo su integridad y seguridad.

Reconoce sus limitaciones y fomenta a que la/lo superen. Facilita los medios para que otros aprendan lo que desconoce. Se asegura de que la aplicación de lo aprendido se realice con honestidad y profesionalismo.

Retroalimenta el mal desempeño de manera oportuna y respetuosa, protegiendo la autoestima de los demás y construyendo un compromiso que asegure la mejora en el corto plazo, dejando muy en claro las consecuencias del incumplimiento. Así mismo, se mantiene atento a las contribuciones y buenas acciones de sus colaboradores, reconoce y, si lo considera propicio, premia el desempeño; cuidando siempre de evitar que se genere un entorno de "pago por evento" y más bien enfocado en el fortalecimiento de la seguridad y auto confianza de su colaborador.

*Mara es una colega consultora que desde que leyó mi libro de **Equilibrios de Excelencia**, le hizo mucho sentido su propósito y, en las sesiones de capacitación que impartía, los utilizaba como referencia. Sin embargo, no había tenido la experiencia de liderazgo para ponerlos en práctica... hasta que la Pandemia de COVID-19 la obligó a buscar empleo en una empresa de distribución de bebidas no alcohólicas.*

Desde el proceso de selección y contratación se enfrentó a situaciones que auguraban que requeriría de todas sus habilidades de liderazgo para hacer frente una posición operativa en la que nunca había sido ocupada por una mujer. Su carácter y comunicación asertiva, además de su capacidad de adaptación y disposición al trabajo arduo, la hicieron la candidata ideal.

239

Su jefatura abarcaba a más de veinte operadores de camiones repartidores y con condiciones de trabajo arduas y estresantes, tanto por los horarios, la entrega de producto y trato con los clientes, como por el manejo de dinero en efectivo que implicaba una rendición de cuentas al final de la jornada con muchas posibilidades de incidencias y aclaraciones. Todo ello en un entorno de pandemia que hacía que los riesgos de contagio fueran otra variable que generaba preocupación y desgaste por el cumplimiento de los protocolos sanitarios.

En su primer mes se enfrentó a situaciones que no solo pusieron a prueba su paciencia, sus habilidades de administración y su gestión de conflictos, sino también su resistencia física, por las largas jornadas de más de 12 horas y por la falta de colaboración y apoyo de los demás departamentos hacia la operación.

Además de todo lo anterior, enfrentó el peso y responsabilidad por el hecho de ser la única mujer en una posición de jefatura en la que debió ganarse el respeto no solo de la gente a su cargo, sino de sus colegas en la misma posición, sus jefes y el resto de una organización en la que las mujeres ocupaban puestos administrativos y no había una sola mujer en una posición más alta que la que ella tenía.

El estilo de liderazgo que la organización practicaba era un estilo más cargado hacia el duro, de estilos controladores, autoritarios y, coercitivos; por lo que su estilo más equilibrado y enfocado en la facilitación para que su gente lograra los resultados muy pronto empezó a ser un referente que trascendió a otras localidades de la misma organización.

En los meses que Mara perteneció a esa organización, marcó la diferencia en la manera de gestionar a la gente a su cargo, los resultados de su equipo de trabajo empezaron a sobresalir con respecto de los equipos de sus colegas con mucha más experiencia y conocimiento de los procesos que ella.

Su balance entre la tarea y las personas; así como su enfoque en dar seguimiento a lo que su gente requería para trabajar mejor y solucionar los problemas para que se enfocaran en alcanzar sus metas de cada día; además de su estilo de retroalimentación y reconocimiento constante, hizo que, en muy poco tiempo, se ganara el respeto y la confianza no solo de los operadores que le reportaban de manera directa, sino que de otros equipos y hasta otras secciones y departamentos la buscaran para solicitar su apoyo.

Seguramente enfrentó situaciones difíciles en la gestión de un equipo de hombres acostumbrados al trato con jefes de su mismo género; seguramente también enfrentó situaciones non gratas por ser una mujer inteligente, de carácter, atractiva y femenina; atributos que para muchos hombres son retos y motivos de conquista. Mara no menciona nada al respecto, sin embargo, quienes hemos estado en esos entornos operativos y con estilos de liderazgo tan duros, sabemos que son ambientes difíciles tanto para hombres como para las mujeres.

Con el paso de la Pandemia, las condiciones de trabajo mejoraron y los proyectos de consultoría volvieron poco a poco a los niveles que, quienes nos dedicamos a estas actividades, nos permite gozar no solo de nuestro trabajo, sino también de los ingresos que corresponden.

Mara decidió separarse de aquella organización y volver a las actividades de capacitación empresarial, consultoría y coaching y, con ello volvimos a coincidir en proyectos en conjunto.

Hace unos meses, y a casi dos años de su paso por aquella empresa distribuidora; salimos de una sesión de capacitación y nos detuvimos en un banco para el depósito de un cheque de uno de mis clientes. Al bajar del auto escuché un alegre grito en nuestra dirección - ¡JEFA! ¡JEFA! -. Se trataba de uno de los operadores que desde su camión repartidor le saludaba con una gran sonrisa y la mitad del cuerpo fuera de la ventanilla. Mara sorprendida, un tanto apenada y contenta al mismo tiempo, le regresó el saludo agitando su mano alegremente.

-Ya pasaron casi dos años y me siguen diciendo jefa -. Me dijo a manera de justificación. - Eso se llama liderazgo -. Le dije convencido y un

tanto orgulloso de ella, mientras ingresábamos al banco.

La/el ***Líder Facilitador de la Productividad*** deja una huella positiva en las personas que le reportan, no por ser bonachones, de hecho, la exigencia se mantiene, más se ejerce con respeto y firmeza.

El por ello que la/el ***Líder Facilitador de la Productividad*** es causa y efecto de la práctica de los ***Equilibrios de Excelencia***:

*   La práctica de los ***Equilibrios de Excelencia*** te proyectará y te permitirán posicionarte como líder facilitador de la productividad.

*   Ser líder facilitador de la productividad, te compromete a practicar los ***Equilibrios de Excelencia***.

Asumir el papel de líder equilibrado, implica un compromiso personal con la vida y con quienes te rodean, con tu familia y con tu organización. Habrá restricciones, es cierto; pero las satisfacciones son maravillosas.

La/el ***Líder de Líderes*** es un ejemplo del ***Líder Facilitador de la Productividad.***

Preguntas de aplicación personal

¿Hacia qué extremo tiendes a moverte?

|_____|_____|_____|

Líder demasiado BLANDO   Líder demasiado DURO

Ahora que conoces este modelo ¿qué puedes hacer diferente?

¿Eres inspirador de confianza y respeto?

¿Cada cuando retroalimentas, positiva o constructivamente a tu personal?

Califica del 1 al 10 tu habilidad para:

— Orientar y Conducir a tu gente al logro de objetivos

— Comunicar de manera Efectiva

— Apoyar o respaldar a tu equipo

— Compartir tus conocimientos y experiencia

— Reconocer tus limitaciones

— Reconocer las fortalezas y talento propias y de los demás

— Facilitar la productividad de tus colaboradores

EL LÍDER DE LÍDERES. El estilo de liderazgo para las organizaciones del siglo 21

El mundo cambió. Si bien hay cosas básicas, universales y atemporales, creo firmemente que el liderazgo no es una de ellas. El liderazgo es una necesidad de la humanidad y se debe adecuar a las nuevas condiciones de su tiempo y entorno.

En esta búsqueda de un estilo de liderazgo que se ajuste a la nueva realidad de un mundo cambiante, complejo, incierto, diverso y lleno de ambigüedades y retos; he identificado más de 80 estilos de liderazgo, que si bien muchos de ellos son causa y efecto, complemento y hasta suplemento de otros, todos buscan el logro de resultados de una forma u otra.

1.	Ahdicador	23.	De acción	45.	Igualitario	67.	Orientado a las
2.	Afectivo	24.	Delegativo	46.	Imitativo		Tareas
3.	Afiliativo	25.	Democrático	47.	Inclusivo	68.	Orientativo
4.	Agile (ágil)	26.	Desarrollador	48.	Inconsistente	69.	Participativo
5.	Algorítmico	27.	Dictador	49.	Incremental	70.	Paternalista
6.	Audaz	28.	Digital	50.	Innovador	71.	Patrocinador
7.	Auténtico	29.	Directivo	51.	Inseguro	72.	Persuasivo
8.	Autocrático	30.	Discreto	52.	Integrador	73.	Potenciador
9.	Autoritario	31.	Disonante	53.	Lateral	74.	Proactivo
10.	Blando	32.	Duro	54.	Liberal (Laissez Faire)	75.	Redárquico
11.	Burocrático	33.	Egocéntrico	**55.**	**Líder de Líderes**	76.	Represor
12.	Campeón	34.	Ejemplar	56.	Mentor	77.	Resiliente
13.	Capacitador	35.	Emblemático	57.	Mindful	78.	Resonante
14.	Carismático	36.	Empático	58.	Minimizador o	79.	Servicial
15.	Catalizador	37.	Empoderador		Reductor	80.	Situacional
16.	Centrado en el	**38.**	**En Equilibrio**	59.	Motivador	81.	Técnico
	Cliente	39.	Estratégico	60.	Multilateral	82.	Timonel
17.	Coach	40.	Exponencial	61.	Multiplicador	83.	Transaccional
18.	Coercitivo	**41.**	**Facilitador**	62.	Natural	84.	Transformacional
19.	Colaborativo	42.	Formal	63.	Neutro	85.	Visionario
20.	Conectivo	43.	Funcional	64.	Nivel 5	86.	360 grados
21.	Controlador	44.	Humilde	65.	Operacional		
22.	Creativo			66.	Orientado a las		
					Personas		

¿Conoces algún otro?

Al crear el modelo de los *Equilibrios de Excelencia* y utilizarlos en programas de capacitación de las habilidades de los líderes, identifiqué la importancia del paradigma del *Liderazgo en Equilibrio*. Tener consciencia de tu comportamiento y actitudes y que puedas ubicarlas en un modelo de equilibrio, contribuye a la autorregulación y permite corregir sobre la marcha, o de manera inmediata posterior, para restablecer las relaciones y contribuir a mejorar el desempeño, aún en situaciones de cambio constante.

¿Por qué abona al cambio el paradigma del *Liderazgo en Equilibrio*?

Ya hemos mencionado el entorno en el que nos encontramos actualmente y que esa realidad llegó para quedarse; es por ello por lo que las y los líderes requieren nuevas reglas para mantenerse como líderes efectivos.

El paradigma del *Liderazgo en Equilibrio* con los modelos de *Equilibrios de Excelencia*, proporcionan a las y los líderes una serie de marcos de referencia que les proveen de un *Rango de Acción* para moverse en la zona de *Flexibilidad Situacional* de acuerdo con la dinámica y condiciones de cualquier organización.

El paradigma del *Liderazgo en Equilibrio* no es una forma rígida de entender la realidad; sino que se adapta a diferentes realidades; se podría decir que es un paradigma *ágil* y es justo lo que se requiere para enfrentar al entorno VUCA en las organizaciones del siglo 21.

Rango en la Zona de Flexibilidad Situacional

Líder de Líderes.

Las organizaciones del siglo 21 requieren de un nuevo estilo de liderazgo, un liderazgo capaz de generar líderes flexibles, con capacidad de adaptación para un mundo que está en constante cambio y que logra resultados en un entorno de colaboración y armonía. Ese estilo es el *Líder de líderes*.

Líder de Líderes

Se trata de un(a) líder holístico[70], capaz de reinventarse y adaptarse a la diversidad de entornos, industrias, culturas, generaciones y personas.

Un(a) líder capaz de formar nuevos líderes, no a su imagen y semejanza; sino capaces a su vez de reinventarse y ajustarse al entorno y a su grupo de colaboradores.

Las características, competencias y cualidades de la/el *Líder de líderes* son:

LEGÍTIMO

Se trata de un(a) líder de verdad, auténtico(a). No del tipo que hace o se viste para parecer líder; sino, porque es líder hace cosas de líder. Por ello no requiere de puestos o nombramientos para ejercer el liderazgo.

Se trata de una mujer o un hombre congruente con lo que piensa, dice, hace y siente. Que demuestra quién es, independientemente de las condiciones o de las compañías. Defiende su posición, más considera que las luchas de poder son una pérdida de tiempo.

Un(a) líder que sabe que es una persona como los demás, que las situaciones y condiciones pueden cambiar de un momento a otro, así que se asume como líder, con apertura para cambiar de posición para seguir a otro líder, si es que de esa forma contribuye y agrega valor.

---

[70] Completo, integral.

INFLUYE E IMPULSA

La cualidad fundamental de un(a) líder es su capacidad de influir en las personas y, por consecuencia, en las organizaciones. Lo que el siglo 21 requiere de las y los líderes es una influencia positiva, constructiva; generadora de una sinergia[71] incluyente. Una influencia que facilite enfrentar los vaivenes del mundo VUCA y aprovechar la tecnología para ampliarla y potenciarla a través de redes locales, nacionales y, ¿porque no? Globales.

Es consciente de que su influencia no se limita al entorno laboral. No se deja de ser líder al salir del trabajo. Como se trata de un(a) líder legitimo(a), no genera situaciones contradictorias, sino que, por el contrario, refuerza su influencia en todos los ámbitos en los que se desenvuelve.

Es un(a) promotora e impulsora del talento y de los jóvenes líderes en formación, los ve como pares y trabaja en conjunto para lograr los resultados que la organización requiere para cumplir sus metas, su propósito y visión.

---

[71] Sinergia significa cooperación, y es un término de origen griego, "synergía", que significa "trabajando en conjunto". La sinergia es el momento en el que el todo es mayor que la suma de las partes, por tanto, existe un rendimiento mayor o una mayor efectividad que si se actúa por separado.

DECIDE, DEFINE Y DIRIGE

La capacidad de decidir es crítica en el entorno volátil e incierto que enfrentamos en la actualidad. La/el líder debe tener la visión suficiente para tomar decisiones rápidas, oportunas. Por supuesto que no hay garantía de éxito; la/el líder lo sabe y es proactiva(o) para actuar en consecuencia de acuerdo con los resultados inmediatos y los que más adelante genere la decisión que ha tomado.

Sus decisiones tendrán consecuencias, las asume y aprende de ellas. Es consciente que el pasado no se puede cambiar, por lo que se adueña de su presente y decide para construir un mejor futuro.

La/el Líder de Líderes define y dirige a su equipo hacia el logro de resultados, se adelanta y, si lo requiere, se aleja para mantener la visión en los objetivos; más mantiene cercanía con el equipo para corregir la dirección de cada miembro y así asegurar que todos vayan en la misma dirección.

ES EJEMPLO Y EMPODERA

La/el **Líder de Líderes** asume el paradigma del *Liderazgo en Equilibrio* y utiliza los modelos de los *Equilibrios de Excelencia* para autorregularse de manera consistente y cotidianamente. Reconoce que las condiciones cambian, que cada persona impacta de manera diferente en la dinámica organizacional. Es consciente de que mantener el equilibrio es un trabajo de tiempo completo.

Reconoce sus emociones y las de las personas con las que interactúa, practica y fortalece su inteligencia emocional; así como las habilidades que le permitan comprender mejor a las personas, como la empatía; y comunicarse de manera efectiva, como la asertividad.

Sin importar su edad, la/el líder se comporta de manera madura, reconoce la importancia que esta cualidad tiene para ser reconocida(o) como líder por las personas de diferentes edades, generaciones y culturas.

Asegura que los miembros de su equipo conozcan lo que espera de cada uno de ellos, así como de su trabajo en conjunto y en colaboración con otros equipos y hasta con otros líderes; además, los hace sentir dueños de sus campos de acción, los respalda en sus decisiones y, cuando se comete un error, facilita el aprendizaje para asegurar mejores resultados y menos dependencia en su persona.

RETROALIMENTA Y RECONOCE

La retroalimentación es fundamental para el engagement de las nuevas generaciones.

EN UN METAANÁLISIS A GRAN ESCALA QUE SE REALIZÓ A 60 MILLONES DE EMPLEADOS A ESCALA GLOBAL, SE ENCONTRÓ QUE 74% DE LOS EMPLEADOS RECIBEN RETROALIMENTACIÓN UNA VEZ AL AÑO O MENOS, PERO SÓLO EL 6% CONSIDERAN ESA RETROALIMENTACIÓN DE VALOR Y SOLAMENTE 15% RECONOCIERON TENER ENGAGEMENT CON SU ORGANIZACIÓN.

A DIFERENCIA DEL 2% QUE DIJO RECIBIR RETROALIMENTACIÓN AL MENOS UNA VEZ A LA SEMANA, EL 36% LA CONSIDERARON DE VALOR Y EL NIVEL DE ENGAGEMENT ALCANZÓ UN 47%.[72]

La/el *Líder de líderes* sabe de la importancia de la retroalimentación, así como de las conversaciones inteligentes para el desarrollo del potencial de sus colaboradores. Al estar con ellos es consciente de sus palabras, sus gestos y el tono que utiliza para expresarse.

Sus objetivos al retroalimentar son:

- **Generar** la **consciencia** de lo bien hecho, así como de lo que se debe mejorar, y
- generar las **condiciones para** que surja **el aprendizaje** y, por consecuencia,
- la **modificación** o **reforzamiento del comportamiento** que contribuya a la excelencia y, por supuesto,
- **reconocer** el trabajo bien hecho y los comportamientos positivos y constructivos.

Cuando la retroalimentación es para corregir el bajo desempeño o errores; es cuidadosa(o) de las emociones de las personas, así como de mantener o incrementar la autoestima del otro, al mismo tiempo plantea de manera precisa y objetiva los hechos, impactos, consecuencias y resultados esperados.

---

[72] Gallup. Re-Engineering Performance Management 2017

Es consciente de que la retroalimentación constante y sobre la marcha es más poderosa que la esporádica y demasiado formal.

La/el *Líder de Líderes* sabe de la importancia del reforzamiento positivo para el establecimiento de buenas prácticas y mejores comportamientos; es por ello por lo que equilibra la energía para reconocer y para corregir.

Además, conoce el poder del agradecimiento y por ello lo practica en todo momento. Claro que las personas ya reciben una paga por hacer bien su trabajo, sin embargo, es un hecho que no todos y no siempre hacen un buen trabajo, así que vale la pena reconocerlo cuando sucede y, mientras más, mejor.

La/el *Líder de Líderes* se asume como Coach de quienes tienen experiencia y Mentor de quienes requieren desarrollar habilidades y conocimientos más rápido y mejor. Tiene absoluta claridad de la importancia de formar nuevos líderes y se asegura de facilitar el proceso para que así sea.

Preguntas de aplicación personal

¿Te reconoces como líder?

¿Qué tipo de influencia ejerces con tu equipo de trabajo?

¿Cómo calificarías (1 al 10) tu habilidad para tomar decisiones?

¿Qué necesitas mejorar?

¿Dedicas tiempo a reflexionar tu aprendizaje cuando tomas una decisión que no fue la correcta?

¿Estás consciente de la importancia de la retroalimentación constante o sobre la marcha? ¿Cómo la puedes poner en práctica con tus colaboradores?

¿Cuál o cuáles de las 5 características clave del LÍDER son tus fortalezas? ¿Cuáles debes trabajar para mejorar?

¿Cuál de los 13 modelos de *Equilibrio de Excelencia* te ha causado mayor impacto?

¿Cómo lo puedes poner en práctica de inmediato?

Epílogo

Estoy convencido de que el gran error de los líderes del siglo veinte y de las primeras décadas de éste, fue que se enfocaron en formar seguidores, en lugar de más líderes mejores que ellos.

El mundo ya cambió y después de la Pandemia de COVID-19 aún más. Es por ello por lo que se requieren más Líderes que formen Líderes.

El *Líder de líderes* no es una utopía, a lo largo de estos años en mis actividades de coaching, mentoría, consultoría, instructor y docente, cada día me sorprende más la capacidad de los jóvenes para adaptarse al entorno en el que se encontraban ayer, cambiar hoy y volver a adaptarse mañana.

La energía que aplican a sus proyectos, su apertura para aprender, desaprender, reaprender, y su disposición para compartir con sus colegas presentes y virtuales es, sin lugar a duda, dignas de reconocimiento.

Me he topado con ejecutivos de treinta y tantos años que han trabajado en empresas gigantescas en varias partes del mundo, que tienen bajo su responsabilidad millones de dólares de presupuesto, que hablan tres o cuatro idiomas, que tienen subordinados de diferentes culturas, edades y localidades, y se muestran dispuestos a procesos de coaching o mentoring, porque desean mejorar su desempeño y relaciones con sus colaboradores, colegas o jefes; eso es, definitivamente, una muestra de humildad.

Considero que muchos de ellos ya están formando nuevos líderes, de manera natural y sin intencionalidad. Lo hacen porque saben que es la mejor manera de enfrentar la dinámica del entorno y que solo de esa forma alcanzarán la excelencia para ellos mismos y para su organización.

Sirva este trabajo para que encuentren su *verdadera vocación de vida*, independientemente de la organización en la que se encuentren y del tiempo que duren en ella.

Que sepan que son, o pueden llegar a ser **Líder de líderes**.

Deseo que esta última entrega de los Modelos de Equilibrios de Excelencia te genere una reflexión profunda de tu forma de actuar, que abra tu mente y sentidos para reconocer la cultura de tu entorno laboral; sobre todo, te provea de elementos para la mejora y te permita contribuir a la excelencia, tanto de tu organización, como de la sociedad a la que perteneces.

Deseo que este recorrido por los modelos evolucionados de los *Equilibrios de Excelencia 3.0* y el paradigma del *Liderazgo en Equilibrio*, te sean de utilidad para tu desarrollo personal y profesional.

Deseo que, independientemente de las restricciones y condiciones inciertas y volátiles en las que te desenvuelvas, evoluciones de ser un(a) líder con seguidores a transformarte en un(a) *Líder de líderes.*

Jorge Daniel Romo
Ing. Ind. / MBA / Consultor & Coach
Septiembre 2023